전형주 교수의
맛있는 **인생**, 멋있는 **변화**

인생味인

전형주 교수의 맛있는 **인생**, 멋있는 **변화**
인생味인

초판 1쇄 인쇄 2019년 9월 30일
초판 1쇄 발행 2019년 10월 5일
4쇄 발행 2023년 6월 25일

지은이 전형주
펴낸이 전익균, 강지철

기 획 조양제, 백현서
관 리 김영진, 정우진
교 육 민선아
디자인 김 정

펴낸곳 도서출판 새빛, 유피피코리아
전 화 (02) 2203-1996   **팩스** (050) 4328-4393
출판문의 및 원고투고 이메일 svedu@daum.net
등록번호 제215-92-61832호   **등록일자** 2010. 7. 12

값 16,000원
ISBN 978-89-92454-62-9(03190)
* 잘못 만들어진 책은 구입하신 곳에서 바꾸어 드립니다.

이 도서의 국립중앙도서관 출판시도서목록(CIP)은 서지정보유통지원시스템 홈페이지
(http://seoji.nl.go.kr)와 국가자료공동목록시스템(http://www.nl.go.kr/kolisnet)에서 이용
하실 수 있습니다. (CIP제어번호: CIP2019036273)

전형주 교수의 맛있는 **인생**, 멋있는 **변화**

인생味인

전형주의 100일 사자성어 처방전

지은이 | 전형주

도서출판 새빛
AEVIT

잘 지내고 있다는 거짓말

인생,
그거 거창한 거 아냐
어쩌면 편안한 의자에 앉아
커피 한잔 마시는 것,
그게 인생의 전부일지 몰라

사랑,
그거 위대한 거 아냐
어쩌면 콧노래를 부르며
미소를 짓는 것,
그게 사랑의 전부일지 몰라

생활,
그거 복잡한 거 아냐
아침에 일어나고 저녁에는 자고
배고프면 밥 먹는 것,
그게 생활의 전부일지 몰라

너는 어떻게 사니?

네가 사는 이 시간, 이 일상.
그게 전부인 거야.

잘 살고 있는 거야.

김이율의 힐링 에세이 《잘 지내고 있다는 거짓말》 중에서

프롤로그

가끔 우울하고 지칠 때 변질되지 않을
'하얀 욕망'이 막힌 길을 뚫을 수 있다면…

'인생味인'이란 제목으로 책을 출간하게 되었습니다. 제가 얼마 전 선배에게 그렇게 말했던 적이 있습니다.

"나의 삶이 방랑자 같을 때가 있는데, 그 방랑 속에서 나는 언제나 무엇이든 잘하고 싶으니 욕망녀인가 봐요"라고.

그건 욕심도 욕망도 아닌 '하얀 의욕' 그리고 '삶의 열정'이라고 선배는 답을 해주었습니다. 의욕보다는 좀 더 진한 '하얀 욕망' 쯤이라고 저는 결론을 내렸습니다.

강한 의욕은 누구에게나 가슴 깊은 곳에 들어있는 삶의 힘인데, 우리는 그것을 잘 꺼내지 못하고, 또는 그것을 잘 이해하지 못해서 미래를 포기하고 아파하는 것 같습니다. 세상은 참 어렵고 복잡해졌다고 말들 하니까 현실을 살기가 더 힘든 거겠죠? 그러나 가끔은 우울하고 지쳐도, 변질되지 않을 그 '하얀 욕망'이 막혀버린 벽을 뚫고 또 길을 걸을 수 있게 만들어 줍니다. 어떤 사람들은 남의 이야기를 통해 마음의 위로도 얻고 가야 할 길을 정돈할 수 있을 거라고 생각합니다. 그런 의미를 담아 독자들께 이 책을 드리고 싶었습니다. 독자들께서 선물 같은 설렘과 기대의 그 시간을 다시 맞기를 바라면서…….

저는 다시 학교로 돌아왔습니다. 제 전공이 응용학문의 하나인 식품영양학이므로, 대중을 위해 기여를 하는 것이 의미와 가치라고 생각해왔던 나는 강의와 방송을 통해 정보와 지식을 공유할 때 기쁨을 얻었습니다. 그러다가 좋은 상품을 만드는 것, 그것이 제가 해야 할 또 하나의 과제라고 생각해서 심한 외도를 했던 거였죠. 한 기업의 경영자로 스카우트되어서 저는 '좋은 기획으로 백 년 갈 상품을 만들겠다'는 자신감이 있었는데, 결과는 결국 상처와 아픔으로 다가왔습니다.

인생의 독한 맛에 혀의 감각을 잃은 것 같았지만 '진실과 진심'이 모두 다 현실이 될 수는 없는 거겠죠? '사람은 아픈 만큼 성숙해진다', '지나간 것은 지나간 대로 그런 의미가 있죠'라는 유행가 가사처럼 제 인생의 맛을 더욱 깊게 한 시간이었습니다.

남자들은 외로울 때 혼자 포장마차 의자에 앉아 꼼장어와 대화를 나눈다고 했던가요? 소주 한잔에 아픔을 털고, 안주 한 젓가락에 한숨을 턴다고도 들었습니다. 그런데 저는 힘들 때 술도 밥도 먹고 싶지 않고 제 자신에게조차 말문이 열리지 않을 때가 많습니다. 남들은 저를 잘 웃는 사람으로 기억하기에 겉으론 웃고 있지만, 아무에게도 내색하지 못할 때 그게 더 큰 괴로움일 때가 많습니다. 그래서 더 저만의 동굴 속으로 들어갔던 거 같은데, 어차피 바쁜 남이 저를 어루만져 주기는 쉽지가 않다고 생각했습니다. 나 자신의 삶은 내가 만들어가야 하니까

인생의 쓴맛을 본 후에 깨닫게 되는 것들 중에는 환한 웃음과 진정한 사랑이 있고, 눈앞에 보이기에 그저 쉽게 얻어질 것이라고 착각했던 것들도 있습니다. 우리는 비우고 뒤집으면서 또 미뤄왔던 것들, 진정 추구해야 할 가치가 무엇인지를 생각하고 소중한 것을 위해 살아야 합니다.

나이 50 중반을 넘어 제 인생을 뒤돌아보니 제가 걸었던 길은 다른 교수들에 비해 평범하지 않았습니다. 결국 지금까지 한 길로 가지도 못했고, 원했던 학자가 되지도 못했습니다.

돌이켜보니 연세대 식생활학과의 지원부터 좌충우돌이었죠. 학력고사 점수가 부족한 상황에서 의대에 진학하겠다고 고집했던 열아홉 살에도 그랬습니다. 원서를 내려고 줄 서 있다가 '재수를 못 시킨다'는 아버지의 호령이 떠올라, 저는 뒤에 서있던 남학생에게 무작정

짐을 다 맡기고 뛰어갔습니다. 1차는 떨어져도 2차 지망에서는 무조건 붙어야 한다며 식품영양학과(그 당시 식생활학과, '무슨 대(大) 연세대학교에서 학과 이름이 식생활이냐?'라며 툴툴툴……)로 2차 지망의 지원학과를 변경했었죠. 생각해보면 웃음이 나지만 그것이 제가 식품영양학을 공부하게 된 시작이었습니다.

식품과 인생이 닮았다면서 그것을 연결해서 떠들고 알리며 살아가게 된 우연이었습니다. 주위에서 말리던 서일대 교수직을 그만 둘 때는 그게 자존심인 줄 알고 사직서를 던졌습니다. 좋아하는 사람들에게 폐 끼치는 것조차 스스로 허용하지 못했던 꼴통의 모습이었는데, 결국 더 아픈 길을 걸었던 거 같습니다.

천방지축이었지만 무서운 것 없이 '옳다는 것', 그 소신을 위해 걸을 수 있었던 시간들이 무척 그립기도 합니다. 상처가 너무 많았고 눈물도 수없이 흘렸지만, 예측할 수 없었던 인생이 지루하지 않아서 지금은 그런대로 좋습니다.

또 내가 무엇을 사랑할지, 어디를 가게 될지, 함께 할 앞으로의 삶이 기대되기도 합니다.

철학자 에크하르트 톨레는 '지금 이 순간을 살라!'고 했습니다. 저는 부딪히고 깨지더라도 늘 지금 이 순간 속에서 살려고 노력합니다. 제 선택에 후회하지 않으려 했고, 선택했으면 아파도 이겨내려 했습니다. 강요가 아닌 자발성, 그게 제 열정이었으니까요.

그러나 인생을 맛있게 살려면 의욕도, 하얀 욕망도 조금 내려놓아야 함을 이제야 알아가고 있습니다. 사람 관계도 마찬가지입니다. 저는 가끔 혼자서 삐지기를 했는데, 그 '삐지기'는 남들이 알지도 못 하는 거죠. 나만 손해인 거 같아서 이젠 '될 대로 되라'고 합니다. 사 람 관계라는 것이 늘 오해와 이해 사이를 반복하는 게임일 수 있잖 아요. 그렇다면 차라리 '이해' 쪽에 서서 틀림이 아닌 다름을 알고, 틀림의 자세로 비평할 게 아니라 다름의 자세로 공감하는 것이 중요 합니다.

사람 일에는 자기 힘으로 안 되는 일이 너무 많습니다. 맛있는 음 식은 양념을 많이 써서 좋은 맛이 나오는 게 아니고 세월이 만들어 준 손맛과 원재료의 깊은 맛이 기본이 되어야 한다잖아요. 자신의 인생을 맛있게 하려면 원재료인 당신을 가꿀 줄 알아야 합니다.

상처, 외로움, 분노, 슬픔 그리고 그 고개를 넘어 설렘, 들뜸, 긴 장, 사랑, 기쁨의 감정들을 더 깊은 맛으로 만들어야 합니다.

어떤 인생이 살맛나는 인생일까요? 눈치 보는 인생, 남들과 비교 하는 인생, 남들 뒤를 따라가는 인생을 살맛나는 인생이라고 말하지 는 않습니다. 아픔이 밀어닥쳐도 다가올 기쁨을 기대하며 나답게 자 기의 감정을 표현하고 드러내고 스스로 위안을 삼을 줄 알아야 맛있 고 멋있는 인생입니다.

저는 이 책에 있는 맛있는 인생 레시피 중에 단 하나라도 당신의 인 생에 적용하여 당신의 하루, 당신의 일상이 달라졌으면 좋겠습니다.

프롤로그를 마무리하면서 최근 암 투병 중에 세상을 떠난 이용마 기자의 아내인 김수영 씨가 마지막으로 남편에게 헤어지는 날 남긴 한 마디가 떠오릅니다.

"암이 동면해주길 바랐고, 암이 더 자라지 못하도록 잘 다스리자고 준비했었다. 세상에 있는 암들도 사실 함께 같이 가야 한다. 암은 없앨 수 없을 수도 있다. 하지만 잘 다스려서 더 크지 않게 우리가 면역력을 잘 길렀으면 좋겠다. 그게 이용마 기자가 남기고 간 메시지 같다"

그렇습니다. 우리 인생사에서 상처를 만드는 독을 다 피할 수는 없습니다. 없애는 것도 불가능합니다. 우리 신체에 외부 바이러스와 세균이 침입했을 때 그것과 싸워서 이겨낼 수 있는 항체를 만드는 것, 면역체를 강화시키는 것이 중요한 것처럼, 당신들이 이 세상 모든 일에 면역력을 키웠으면 좋겠습니다.

이 책은 저의 굳은 혀를 깨우는 책이기도 하고, 당신의 잠자는 혀를 깨우는 책이기도 합니다.
저마다의 아픔을 가진, 저마다의 희망을 가진 우리 모두의 맛있고 멋있는 인생을 위해 힘차게 파이팅을 외쳐봅니다.

가을의 시작 즈음에 출간하며
저자 전형주

차례

Chapter. 3 매운맛 인생 정말 매운맛 좀 볼래

Chapter

1

쓴맛 인생

내 아픔 아시는 당신께

에머슨은
누구에게나 자기 자신의 행위보다
귀중한 것은 없다고 했다.

그러나 우리 곁의 대부분을 보면
자기 자신의 행위보다
타인의 생각과 행위로 살아가는 것 같다.

그래서 자기 아픔을 외면하고,
설사 아픔에 직면해도
새로운 알로 부화되는 기회를 놓치게 되는 거 아닐까

오늘 하루 나다운 하루를 살려면
내 아픔을 스스로 보듬고
스스로 치유해 가야 한다.
그게 에머슨이 말한 자기 자신의 행위 아닐까

회사라는 게 이렇게 쓴맛인 줄 처음 알았어

학교는 승자나 패자를 뚜렷이 가리지 않을지도 모른다.

그러나 결코 인생은 그렇지 않다.

많은 학교에서는 낙제 제도를 폐지하여 정답을 작성할 때까지 기회를 주지만,

현실에서는 전혀 다르다는 것을 명심해야 한다.

— 빌 게이츠

내가 회사의 사장으로 가서 일하겠다고 했을 때, 어떤 어른은 사업가의 DNA 구조와 사고방식에 대하여 의견을 피력하면서 나를 걱정해주셨다. 또 다른 분은 '식품에 대한 소신이 강한 나와 그 회사는 맞지 않을 거 같다는 촉이 있다'고 농담을 하시면서 반대하시기도 했다. 그때 나의 생각은 달랐다. 난 회사의 오너와 거기에서 일하는 사람들을 좋아했다. 왜냐하면 대한민국의 경제성장에 기여한 것도 수많은 기업이며 기업의 목표가 이윤창출이라 할지라도 사람을 위해

일하는 곳이기 때문이다. 그리고 무엇보다 난 식품, 그 식품을 통해서 만들어지는 많은 상품에 대한 설렘과 기대가 있었고 좋은 기획으로 소비자들에게 건강과 즐거움을 함께 줄 수 있는 것을 만들어 낼 자신이 있었다. 그렇게 큰소리치며 주위의 반대를 무릅쓰고 당당히 들어갔던 기업에서 나는 결국 해고를 당했다. 영입되자마자 매출 목표의 달성을 요구하는 회사의 지시도 기꺼이 받아들여서 일을 했기에 나는 회사가 나를 존중하고 나한테 감사를 표할 줄 알았다. 나도 착각 속에 사는 어리석은 인간이었는지도 모른다. 여하튼 내 삶에 그런 일이 있을 거라고는 생각하지 못했다.

좋은 인연과 나쁜 인연이 있듯이 직장도 그렇다. 많은 일의 시작에는 설렘이란 것이 있는데, 그 첫 설렘의 1/100도 남기지 못하고 그 회사와 헤어졌다. 누구의 잘잘못을 떠나 그렇게 입맛이 썼던 경험은 없었다. 나는 그동안 참 많은 이별을 능동적으로 겪어왔다. 비우고 뒤집으면서 일, 그리고 직장과는 이별을 몇 번 했지만 그 때마다 훨씬 귀한 사람과 소중한 추억이 남았다. 그래서 나는 지금까지의 어떤 인연도 귀하고 값지다고 말한다. 그런데 내가 근무했던 한 회사와의 만남은 '절대 악연'이었다고, 세상에 그런 악연도 존재한다고 얘기하고 있다.

'회사의 주인은 나야!'라고 말하는 오너와 '회사는 직원과 주주, 그리고 국민의 것'이라는 내 주장의 현실적 큰 괴리감이 첫 번째 아픔이었다. 그 누구를 지독하게 미워했던 시간이었고 식품 그리고 대중과 회사, 그 모두를 위해 함께하고 싶었던 꿈을 완전하게 버렸던 계기가 되었다. 기업윤리와 사회정의, 그런 게 가능한 건지 묻고 싶었던 그때, 내가 기업이란 곳의 마지막 희생자가 되었으면 좋겠다는 간절함이 있었을 만큼 나는 잠시나마 직원들을 사랑했던 사장이었다. 남의 네트워크와 콘텐츠를 빼앗은 후, 자신들의 감정에 의해 사람을 잘라 버리면 된다고 생각하는 그런 회사들은 식품과 생명을 다루는 제품을 만들지 말고 향기를 운운하지 말아야 한다고 생각했다.

이사와 사장은 임원이니 '어디 가서 해고라 말해도 소용없을 것이다'라고 습관처럼 말하던 오너에게 '진실과 정의'는 살아있다는 것을 보여줘야 했고, 직원도 임원도 마음대로 기분대로 해고시키는 것은 식품을 만드는 기업에서 절대로 해서는 안 되는 일이라는 것을 알려주면서 그 악연을 정리했다. 정말 분해서 견딜 수 없었지만 끝까지 싸워서 이겼다. 하하하!! 나는 내가 그렇게 싸움을 잘하는 사람인 줄 그때야 알게 되었다.

우리 인생은 숱한 반죽의 과정이다

영화 ≪주노명 베이커리≫에 이런 대사가 나온다. "빵을 만들다 보면 좋은 빵을 만드는 건 아름다운 사랑을 하는 것과 같다는 것을 깨닫는다. 좋은 재료와 좋은 솜씨를 갖춰야 한다는 점에서, 그리고 그 모든 것이 다 갖추어 있다 하더라도 반드시 반죽이 숙성되기 위해서는 오븐에서의 긴 시간이 필요하다." 사람은 누구나 좋은 재료다. 세상에 둘도 없는 최상급 재료다. 그 재료에 사랑이라는 달콤한 맛도 들어가고, 아픔과 슬픔 그리고 이별이라는 쓴맛도 들어간다. 그 인생의 맛들이 반죽이 되면서 사람은 성장하고 완성된 인간으로 만들어진다. 그런 과정을 속성으로 해결하려 든다면 반죽도 제대로 되지 않아 빵조차 만들어지지 않을 것이다. 무언가 자기 꿈을 이루기 위해 자꾸 시도하고, 실패해도 또 시도하는 숱한 과정들이 우리 인생의 반죽 과정이다. 자꾸 무언가를 저지르면서 자기의 시간을 주물럭거려야 폼 나는 인생이 숙성되고 만들어진다. 그런데 우리는 시간을 반죽할 줄 모르고 시간에 쫓겨 살고 있다. 좀 느긋하게 세상을 관조하면서 생각의 숙성과정을 줄 틈은 주지 않고 그저 결과만을 빨리 재촉하며 심신을 불안의 외줄 타기로 내몰고 있다. 이제는 자기 인생을 반죽할 넉넉한 시간을 갖자. 아파도 아프다고 처음엔 말하지 못했다. 견디기 힘들지만 참았던 그 과정들이 반죽의 시간이었다. 참고 억지로 잊어버리려 하는 건 결과만을 생각하는 속성의 과정이다. 우리 삶에서 아픔을 드러내고 눈물을 흘리면 여유가 생긴다. 그 기다림의 발효로 더 좋은 영양성분들이 만들어지고 숙성되는 동안 인생의 맛과 향이 깊어진다. 과거에 경험한 쓴맛과 그 쓴맛으로 생긴 여유가 잘 익은 인생과 숙성된 인생을 만들 것이라 확신한다.

독자들에게 나의 아픔만을 들어달라고 얘기하는 것 같아 부끄럽지만 이 아픔이 있었기에 보다 숙성된 자신을 만들 수 있을 것이라고 생각한다. 발효를 시킬 때 이스트도 쓴맛이니 쓴맛을 주었던 인연은 나에게 부패가 아닌 건강한 발효처럼 나를 숙성시켰을 것이다.

20

TIP **구체적인 실천방안**

1. 사업을 하면서, 일을 하면서 가장 위험한 것 중에 하나는 앞만 보고 달리는 것이다. 일 사이에 쉼표를 자주 찍자.

2. 남을 위해 일한다고 생각하며 일하지 말자. 자기를 위해 일한다고 생각하자. 노동의 주체를 자신으로 바꾸자.

3. 사수보다는 고수를 만나려고 노력해라. 당신에게는 직장 사수보다 인생고수가 더 유익하다

너무 착하게만 살면 너만 손해야

"사람도 착하기만 해서는 안 됩니다.
착함을 지킬 '독한 것'을 가질 필요가 있어요."

– 전우익

우리 주변에는 착한 바이러스에 걸린 사람들이 의외로 많다. 그들
은 상사, 친구, 가족이 기분 나쁜 소리를 해도 자기는 원래 착한 사
람이어서 아무런 저항도 없이 그 자리에서 물러난다. 왜 몰상식한
짓을 하는 사람 앞에서 착해야만 하는가. 그렇게 착해서 누가 알아
주는가. 이런 사람들은 나중에 "왜 그때 아무런 저항을 하지 못했을
까?" 하며 자신을 자책한다. 그 자책이 쌓이면 울화병과 우울증이
손잡고 나를 찾아온다. 결국 저항하지 못하고 순진하게 당하고 난
후에 자기가 더 망가져감을 느끼게 되는 것이다. 요즘 세상은 그냥
착하고 순진하게만 살아서는 안 된다. 서로 헐뜯고 싸우지는 않더라

도 적어도 남들이 나를 무시하고 얕잡아 보이게 해서는 안 되는 거다. 요즘 사람들은 상대가 조금이라도 착하거나 순진한 기미가 보이면 이를 이용하려 드는 게 문제다. 사실 착하면 좋은 건데 세상이 험해지다 보니 그냥 착하기만 해서는 안 되는 세상으로 바뀌었다. 착한 것 좋다. 하지만 어느 정도의 가시를 지니고 있어야 한다. 그래야 내가 조금 덜 상처받고 스트레스도 최소화하면서 살 수 있다.

남들의 평가에 끌려다니지 마라

여자는 순종적이고 착해야 한다는 어이없는 상식이 있다. 집에서 밥만 하고 남편을 잘 챙기며 남편이 어떤 잘못을 해도 다 이해해야 하는 게 여자는 아니다. 분명히 말하지만 지금까지의 여자에 대한 상식을 뒤집어야 한다. 그러려면 좀 독해지고 강해질 필요가 있다. 여자라서 안 되는 한계를 뚫고 나가야 한다. 여자, 남자라는 구분부터 버리는 게 좋다. 차라리 여자 사람, 남자 사람이라 하자. 같은 사람으로서 느끼는 한계는 있을 수 있지만 여자라서 또는 남자라서 할수 없다는 사고방식은 버리는 게 좋지 않을까. 물론 생리학적으로 남녀의 능력 차이가 분명히 존재하지만 그런 이유가 아닌 다른 이유로 능력의 한계를 짓는 걸 나는 반대한다. 여자라고 착하게만 살 필요 없고 남자라고 거칠게 살아야 하는 법칙은 세상 어디에도 없다.

영화 ≪미쓰 홍당무≫에 이런 대사가 나온다. "열심히 살지 마. 착하게 굴면 남들이 너한테 못되게 굴어. 네가 못되게 굴면 남들은 착하게 대해. 열심히 하면 너만 손해야. 요령껏 살아." 착하다는 말은 나의 평가가 아니라 남들의 평가다. 남들의 평가에 끌려다닌다는 것은 주인이 아니라 종이라는 얘기다. 내 인생을 내 주도로 살지 못하고 남의 평가에 기대어 살면 당연히 즐겁지 않고 우울증에 걸린다. 내가 먼저 즐거워야 남을 즐겁게 할 수 있지, 나를 버리고 남만 먼저 생각하고 남만 먼저 배려하며 착하게 산다는 건 자기 자신에 대한 위선이다. 우리는 일단 그 위선의 감옥에서 나와야 한다. 그리고 남의 평가가 아닌 자신이 스스로 내린 평가에 귀 기울여야 한다. 착한 사람들에게도 독한 무엇이 있어야 한다. 나도 사실 남에게 강한 말을 못하고 내가 참는 게 순리라면서 살았던 경우가 많았다. 참다 보면 상황이 뒤집혀 내가 억울해지는 일이 생기고, 그러다가 더 따지기 싫어서 그냥 내버리고 잊으려 했다. 그런데 그것이 나를 지키지 못할 수도 있다는 걸 알았다. 내가 좀 독해지지 않으면 나를 지킬 수 없다는 걸 알았다.

착한 사람들은 많이 참는 편이다. 참다 참다 결국 병이 난다. 병나면 자기만 손해다. 착한 사람들은 남들의 평가에 민감하다. 그래서 저항할 때, 주저하다가 타이밍을 놓친다. 자기를 정말 사랑하고 인생을 즐겁게 살려면 남들의 평가를 벗어던져야 한다. 남들은 나만 생각하며 살지 않는다. 다들 자기 먹고살기 바빠서 착한 사람에게 무슨 상처를 줬는지 모르고 살 수도 있다. 상처를 준 사람은 멀쩡하게 자기 일에 집중하며 사는데, 상처받은 사람이 왜 그 당시의 상황과 말들을 되씹으며 스트레스를 키워야 하는가.

자책하지 말고 자존하라

착한 사람들은 우울증에도 쉽게 걸린다. 왜 그럴까? 남 좋은 일 시키다가 결국 자기가 손해 보는 일이 늘다 보니 어디 하소연 할 때도 없고 그저 속앓이만 하기 때문이다. 나는 분명히 준 게 있는데 상대방은 내게 주지 않는다. 사실 대가를 바라지는 않았지만 정작 반응이 오지 않을 때는 화가 난다. '왜 나는 이렇게 멍청한 짓만 하는 거지?' 하면서 자책을 한다. 이런 한탄과 자책은 스스로 착하고 마음약하다고 생각하는 모든 사람의 공식화된 패턴이다. 이 패턴에서 스스로 걸어 나와야 한다. 착하다는 건 나를 희생해서 남을 올리는 게 절대 아니다. 남을 의식하거나 남을 깊이 도우려 하지 마라. 우선 자기를 배려하고 자기를 사랑한 후에 남이 있는 것이고 세상과의 관계가 있는 것이다. 내가 무너지고 우울한 상태에서 어찌 남을 평화롭게 할 수 있는가. 그런 상태에서 남과의 관계는 무언가 보상을 기대하는 악순환을 초래한다.

한자성어에 "송양지인宋襄之仁"이라는 말이 있다. 쓸데없는 동정이나 인을 베풀다 오히려 타격을 받는다는 뜻이다. 왜 타격을 받는가. 무언가 기대는 게 있는데 돌아오지 않기 때문에 타격을 받는다. 뭔가 베풀 때는 돌아올 것을 기대하면 안 된다. 그래야 자신이 덜 상처를 받는다. 베푼다는 행동은 착한 행동이고 뭔가 남의 평가를 기대하는 행동이다. 남을 의식하고 남의 평가에 기대려 할 때 우리는 상처를 받게 되어 있다. 그런 악습부터 벗어던져야 나 자신이 당당해질 수 있고 착하게 살 수 있다. 하지만 남에게 기대거나 남의 평가에 끌려다니며 살지는 말자. "마치 덜 익은 과실이 자길 따 먹는 사람에게 무서운 병을 안기듯이, 착함이 자기방어 수단을 갖지 못하면 못된 놈들의 살만 찌우는 먹이가 될 뿐이지요. 착함을 지키기 위해서 억세고 독한 외피를 걸쳐야 할 것 같습니다." 『혼자만 잘살면 무슨 재민겨』의 저자 전우익 선생님의 이 말씀이 이 땅의 착한 사람들에게 좋은 충고가 되기를 빈다. '차카게 살자'는 그저 깡패들의 슬로건일 뿐이다. 나름 원칙을 세워서 적당히 자기를 보호하며 살아야 스트레스 빈도가 줄어들고 더 즐겁게 살 수 있다.

TIP **구체적인 실천방안**

1. 자기에게 엉뚱한 소리를 하면 적당히 대응하라.
2. 자기 뒤통수치는 사람을 인맥에서 단계적으로 삭제하라.
3. 자기를 희생해도 남들은 전혀 모르는 경우가 많다. 희생을 알려라.
   요즘은 희생도 PR시대다.

26

우리, 그럼에도 불구하高에 입학하자

"세상은 우리에게 슬픔을 준다. 그때 중요한 것은 '그럼에도 불구하고'다.

그럼에도 불구하고 웃고 미소 지어라.

그러는 사이 세상이 뜻밖의 선물을 주고 있음을 느낄 테니."

– 박성철의 「감성 트윗」

　당신은 '그렇기 때문에'를 많이 쓰는가, '그럼에도 불구하고'를 많이 쓰는가. 역경을 헤치고 도전정신이 강한 사람들은 후자를 좋아한다. 이성적으로 사는 사람은 '그렇기 때문에'를 많이 사용하고 감성적으로 사는 사람은 '그럼에도 불구하고'와 친하다. 나도 한때는 '뭐, 뭐 때문에 못 하겠어'라는 말을 많이 했다. 그러나 한 살 두 살 나이테가 늘어갈수록 '그럼에도 불구하고'를 써야 할 일들이 많아졌다. 핑계나 변명이 필요 없었다. 무조건 해야 하는 상황이었다. 그럴 때는 뒤도 돌아보지 않고 눈치 볼 것도 없이 그냥 해내야 했다. 수많은 명언을 쏟아낸 데일 카네기는 이런 말을 했다. "현재 상태에 대해 자기 연민에 빠지는 것은 에너지 낭비일 뿐 아니라 최악의 습관이다." 아마추어들은 '그렇기 때문에'를 들먹이며 핑계를 댄다. 프로페셔널은 '그럼에도 불구하고'를 내뱉으며 결국 해내고 만다. '그럼에도 불구하고'는 문장 구조상 뒤의 문장에 반전이 기다린다. 앞의 조건에도 불구하고 뒤에서는 역전을 시켜야 한다. 우리 눈앞에는 수많은 난관과 고통이 있다. 그런 난관에도 불구하고 우리는 전진하고 발전해야 한다. 세상이 한 걸음 더 발전하기 위해서는 '그렇기 때문에'가 아닌 '그럼에도 불구하고' 정신으로 살아가야 하지 않을까 싶다.

불의와 차별에도 불구하고

나는 '그래서 어쩌라高'를 다니다가 '그럼에도 불구하高'에 전학 왔다. 그리고 잘못된 상식과 습관에 끌려다니기 싫어서 '그래서 어쩌라高'를 들이민다. 나는 연세대학교 가정대학 식생활학과 출신이다. 내가 대학 다닐 때는 이 학과가 지금처럼 전도양양한 학과가 아니었다. 건강과 영양 정보를 필요로 하는 이 시대의 문화였다면 조금 더 경쟁력이 있었을 것이다. 고교 2학년 때 나는 나름 정의로운 학생이었는데, 당시에 담임선생님과 투쟁 아닌 투쟁을 하느라 잠시 공부를 내려놓았던 적이 있었다. 내가 내 성적을 떨어뜨려야 우리 반이 뒤처질 것이고 그래야 담임선생님이 자기 잘못을 인정할 거라는 어리석은 객기를 부렸다. 결과적으로 고3 때 나는 떨어진 성적을 올리려고 고생을 꽤 했고, 지난 1년의 객기를 부린 것에 대한 여파가 커서 성적을 제대로 회복하기도 힘들었다.

나는 떨어질 줄 알면서도 연세대학교 의대를 지원하겠다고 고집을 부려 의과를 1지망, 식생활학과를 2지망으로 지원했다. 그 당시 내가 무조건 들어가겠다고 결정한 대학이 연세대학교였다. 의대를 가고 싶으면 커트라인이 낮은 학교에 가라는 아버지께 나는 무조건 연세대학교 의과대학을 갈 것이라고 했다. 1지망은 배짱 지원으로 밀쳐야 본전이니 떨어져도 상관없다는 마음으로 의대에 지원했고, 2지망은 재수를 절대로 못 시킨다는 아버지를 거부할 수 없어서 그 당시 연세대학교에서 합격점수가 비교적 낮았던 가정대학에 지원했다. 그때 지망한 학과 이름이 '식생활학과'였다. 이름이 그게 뭐냐고? 하면서 의, 식, 주, 아동학 중에 사는 데 꼭 필요한 '식'을 선택했고 그래도 건강과 가장 비슷한 식생활학과를 전공으로 선택했다. 그 후 시대는 바뀌고 내 전공은 전혀 예측하지 못할 만큼 발전해 갔다. 식생활학과, 그 이름이 마음에 들지 않았다. 하지만 가끔 선배들이 '밥하는 학과'냐고 물으면 반대로 돌직구를 날리면서 나는 그 당시에 '그래서 어쩌라고'의 당당한 시선을 날렸고, '그럼에도 불구하고' 정신으로 헤쳐 나갔으며 '그러니까 나를 잘 보라고'의 자세로 살아가고 있다.

우리 한국 사회는 차별이 만연하는 사회다. 그 차별 앞에 우리는 '그래서 어쩌라고' 정신으로 고개를 쳐들고 '그럼에도 불구하고' 정신으로 당당히 뚫고 가야 한다. 가난했고 불법체류자였는데 2010 밴쿠

버 동계올림픽에서 메달을 딴 사람이 있다. 20살 조성문. 그의 가난
은 '그래서 어쩌라고'였고, 불법체류는 '그럼에도 불구하고'였다. 조
성문은 그 난관을 뚫고 메달을 따냈다. 역경이 그를 키운 것이겠지.

가난했고 왜소했고, 선생님들은 편애했다. 사회에 나가서도 고등
학교만 졸업하고 사시에 합격했지만 동기들과 어울릴 수 없었고 승
진도 할 수 없었다. 그럼에도 불구하고 그는 자기가 잘하는 일을 찾
고 사회를 위한 역할을 찾았다. 변호사였지만 가난했고, 가난했기에
가난한 사람들의 아픔을 치유하려 애썼다. 그는 노무현 대통령이다.
그분은 그럼에도 불구하고의 전형적인 모델이다. 가난과 멸시와 차
별에도 불구하고 변호사가 된 그는 대통령이 되어 차별받는 사람들
편에 섰다.

소년은 너무 가난해서 냄새나는 돼지와 한방에서 잤다. 일본 아이
들에게 조센징이라 놀림 받으며 왕따 당했다. 할아버지는 밀입국한
한국인이었고 아버지는 제대로 된 직업을 구할 수 없었다. 그는 어
린 나이에 본인의 힘으로 가족을 먹여 살려야 했다. 그는 손정의 소
프트뱅크 회장이다. 손 회장은 일본 극우세력이 "손정의는 일본에서
나가라! 두 번 다시 돌아오지 마!"라며 막말을 남겼을 때는 "어디로
가면 (돼)?"라고 응수하기도 했다. '그럼에도 불구하고'의 입지전적
인 인물이다.

나와 상관없는 일임에도 불구하고

차별보다 더 무서운 게 뭘까? 바로 무시다. 차별은 그래도 관심의 영역 안에 있지만 무시는 그 관심에서도 밀려난 상태다. 우리는 보기 불편한 사회적 현실을 외면할 때가 있다. 옆 사람이 폭력을 당하고 있을 때 나한테 돌아올 피해를 생각해서 괜히 나서지 않는 게 좋다고 물러난다. 어떤 집단이 몹쓸 짓을 당하고 있음에도 우린 내 일이 아니라는 생각으로 못 본 척한다. 이게 과연 올바른 사회일까. 예전에 ≪도가니≫라는 영화를 본 적이 있다. 인간 이하의 끔찍한 일들 앞에 우리는 언제까지 외면하고 못 본 척할 것인가. '그럼에도 불구하고'가 사회적으로 확장될 때 우리는 내 일이 아님에도 불구하고 나서서 함께하는 자세를 갖게 된다. 같이 아파하고 같이 치유해 가는 것이다. 무시와 방관은 더 심한 폭력이기에 지금은 내가 아니지만 언젠가는 내게도 해당될 수 있는 일이기에 함께하는 것이다.

1987년 미국 버클리대 2학년을 휴학하고 서울에 놀러 왔다. 그 당시 서울 거리는 "호헌철폐"를 외치는 민주화의 물결이 역사의 강을 이루고 있을 때였다. 그 현장 한가운데 있었던 그 미국인은 자기와 상관없는 일임에도 불구하고 시민들과 함께했고 지금은 한국 문제 전문가가 되어 활동하고 있다. 미국의 386이라고 스스로 얘기하는 그의 이름은 피터 백이다.

누구나 자기 목표를 향해 걸어가다 보면 장애와 역경이 눈앞에 있을 수밖에 없다. 그 역경 앞에서 다른 변명과 핑계를 대면 한계를 넘어설 수가 없다. '그럼에도 불구하고'는 역경극복의 에너지다. '그렇기 때문에' 못 하겠다고 주저앉지 말고 차별과 멸시, 고난과 고통 앞에서 '그럼에도 불구하고' 정신으로 전진해야 한다. 그것이 인생을 주도적으로 사는 비결이 될 것이다.

 구체적인 실천방안

1. 시간이 없다고 핑계 대지 말고 시간이 없음에도 불구하고 해내라.
2. 이 일은 내 담당이 아니라서 또는 내 부서 일이 아니라고 피하지 말고, 그럼에도 불구하고 해내라.
3. 사회적인 아픔을 외면하지 말자. 내 문제가 아니라고 무시하지 말자.

나는 오늘부터 단백질과 사랑에 빠진다

"생명에 관해 생각할 때, 어떤 생명체도 나와 똑같이 살려고 하는 의지를 가지고 있다. 다른 모든 생명도 나의 생명과 같으며, 신비한 가치를 가졌고, 따라서 존중하는 의무를 느낀다. 선의 근본은 생명을 존중하고 사랑하고 보호하고 높이는 데 있으며, 악은 이와 반대로 생명을 죽이고 해치고 올바른 성장을 막는 것을 뜻한다."

‒ 알베르트 슈바이처

단백질 블록은 신체활동을 유지시켜 주는 에너지

관객 1천만 명을 돌파한 봉준호 감독의 영화 ≪설국열차≫에는 빙하기를 맞이한 마지막 인류가 좁은 열차 안에서조차 계급사회로 나누어져 갈등하는 모습이 나온다. 영화 초반에 열차의 꼬리 칸에 탑승한 하류층은 '단백질 블록'이라는 것을 배급받으며 근근이 목숨을 연명하며 살아간다. 손바닥만 한 크기에 검고 물컹거리는 질감이 느껴지는 단백질 블록은 꼬리 칸 사람들에게 유일한 식량이다. 그런데 신기한 것은 햇볕 한 줌 들어오지 않는 꼬리 칸에서 정체모를 그것을 섭취하면서도 아무 문제없이 생명을 유지하고 있는 것이다. 작고 이상한 단백질 블록이 그들에게 에너지를 공급하고 신체 활동을 유지시키는 것이다.

그렇다면 왜 그들의 유일한 식량은 탄수화물도 지방도 아닌 단백질 블록이었을까? 여기서 우리는 단백질의 역할을 유추해볼 수 있다. 우선 단백질은 그 특별함을 갖는다. 에너지의 공급원이면서 항체와 호르몬과 근육 등의 신체구성분이다. 앞서 언급했듯이 열차의 꼬리 칸은 햇볕 한 줌 들지 않고 비위생적인 곳이라고 했다. 이러한 환경에서 17년간 지내온 사람들이 단백질로 면역세포를 만들어 큰 병에 걸리지 않던 것이다. 또한 좁은 열차 속에서 운동을 할 수 없는 환경임에도 불구하고 비만에 걸리지 않는다. 최근에 체형관리를 위하여 단백질을 섭취하는 이유는 식품의 특이동적 작용을 위한 단백질의 에너지가 탄수화물보다 5배나 높기 때문이다. 쉽게 설명하면, 단백질 음식으로 섭취된 열량 중 30%는 음식의 소화 흡수를 위하여 사용되지만 탄수화물은 소화 흡수를 위하여 사용되는 소모량이 6%에 불과하다. 이처럼 단백질은 소화흡수를 위해 사용되는 에너지가 커서 다른 영양소보다 소모량이 크고 지방으로 전환될 확률이 적다. 즉 활동성이 큰 영양소라고 할 수 있다.

내 몸을 사랑한다면 단백질을 사랑하라

탄수화물, 지방, 단백질 같은 영양소는 살면서 우리 삶에 필요한 본능을 강화해준다. 육체를 살리고 살아가는 힘을 주는 것이다. ≪설국열차≫의 단백질 블록이 생존본능을 강화해준 것처럼. 반면에 비타민, 미네랄, 식이섬유 같은 것들은 정신력을 강화해 준다. 본인 스스로 감정 조절하는 데는 바로 비타민 같은 것들의 역할이 크다. 우리는 어느 하나만 가지고 살아갈 수 없다. 단백질도 필요하고 비타민도 필요하다. 일단 건강하게 생존해야 한다. 여러 가지로 건강하기 힘든 유혹에 포위되어 사는 우리지만 최소한의 생존력을 유지하면서 살아야 한다. 몸에 신경 쓰는 남자일수록 탄수화물 대신 단백질 위주의 식단으로 식사한다. 사랑이 아빠 추성훈의 단백질 사랑은 지독할 정도다. 생활신조가 '저탄수 고단백'이 아닐까 의심할 정도다. 〈삼시 세 끼〉라는 TV프로그램에 나와서도 차줌마 차승원이·해준 밥상에서 공깃밥은 건드리지도 않고 고기와 황태국만 먹는 장면이 내 눈길을 사로잡았다.

단백질은 생존을 위해, 멋진 육체를 위해 축복 같은 영양소다. 내 몸을 사랑한다면 단백질을 사랑하라. 다이어트를 하는 사람이라면 단백질에 집중하라. 세상의 모든 성공한 다이어터들의 공통된 키워드는 단백질이었다. 얼마 전 〈양화대교〉라는 노래를 들은 적이 있다. 그 노래 가사 중에 이런 노랫말이 나온다. "행복하자, 우리, 아프지 말고 행복하자.' 단순한 노랫말인데 가슴에 울림이 있었다. 우리 사는 게 그런 거다. 아프지 말고 행복하게 사는 거. 그러려면 몸이 원하는 것을 해야 한다. 우리 몸이 기본적으로 가장 원하는 건 필수 영양소다. 필수를 무시해서는 건강할 수가 없다. 필수라는 말을 괜히 붙인 게 아니다. 필수 영양소 중에서도 단백질은 중요한 신체 호르몬의 구성성분으로 작용하는데, 호르몬은 내분비선에서 생산되어 비타민이나 효소처럼 미량으로 대사나 활동을 촉진하는 중요한 기능이 있다. 즉 에스트로겐, 성장호르몬, 부신피질호르몬, 갑상선호르몬 등과 같은 각종 호르몬을 구성하는 것 역시 단백질이다. 위에서 언급한 호르몬들은 각자의 영역에서 신진대사를 활발하게 하여 건강을 유지시켜 준다.

≪설국열차≫의 꼬리 칸 여자들은 단백질 블록에서 섭취한 단백질로 인해 햇볕을 통한 광합성이 충분하지 않았어도 호르몬 작용의 도움을 많이 받았을 것이다. 또한 단백질 블록으로 섭취한 단백질은 부신피질 호르몬 분비에 도움을 주어 비위생적인 열차 안에서도 외부 오염물로부터 건강을 유지시키는 역할을 했을 것이다.

어느 영화관에서는 ≪설국열차≫ 관람객을 위한 이벤트로 양갱을 간식으로 판매했다고 한다. 영화 속에서 양갱을 닮은 단백질 블록의 주재료가 바퀴벌레였기 때문에 영화를 보고 나온 후에 관객들은 양갱을 쉽게 먹을 수는 없었을 것이다. 단백질의 공급원을 바퀴벌레로 설정한 작가와 감독의 심오한 뜻을 나는 잘 모르겠지만 단백질의 그 특별함을 나는 사랑한다. 단백질 블록이야말로 비좁고 햇볕이 들지 않는 열차의 꼬리 칸 속 인류에게 생존과 건강이라는 축복을 전해준 것이 아닐까?

다들 힘들다고 한다. 그래도 살아가야 한다. 명랑하고 건강하게 살아가야 한다. 그러려면 내 몸을 명랑하게 하는 에너지가 필요하다. 우리에게 생존과 건강을 주는 축복에너지들을 늘 흡수하면서 살자.

 구체적인 실천방안

1. 현대에서 결핍되는 체성분과 면역체를 채우기 위해 필수아미노산을 갖춘 단백질 식품을 권한다.
2. 단백가 100에 값이 싼 달걀에 관심을 가져보라.
3. 어패류, 해조류를 사랑하라. 육류보다 지방은 적으면서 고단백에 핵산까지 함유한 식품이다.
4. 닭가슴살만 사랑하지 말고 육류의 살코기에도 관심을 갖자. 저온숙성을 거치면 뜻밖에 먹기 부드러우며 단백질 함량도 높다.

아무리 노력해도 안 될 때는 포기해도 돼

"적당한 타이밍에 유효적절한 포기 프로그램을 가동시킴으로써 일시적으로 문제를 해

결하는 것이 아닌 삶 자체를 윤택하게 가꿀 수 있는 교육을 실현해야 한다."

– 시모조노 소타

　"살다 보면 기쁜 일만큼이나 슬픈 일이 있고, 이길 때가 있으면 질 때도 있더라. 난 네가 포기하지 않고 계속할 수 있으리라 믿지만 너무 부담 갖지 마. 하기 싫으면 하지 마. 네가 포기하고 싶으면 포기해도 돼. 난 네가 그렇게 살았으면 한다." DJ DOC의 리더 이하늘은 본명이 이근배다. 그는 몇 년 전 〈놀러와〉라는 TV프로그램의 골방 토크에서 동생 현배 군에게 이런 편지를 보내 스튜디오를 눈물바다로 만들었다. 아… 내게도 저렇게 마음 씀씀이가 따뜻한 선배가 있었으면. 무슨 일이든 한번 시작하면 포기하지 말라고 쪼아대는 세상에서 저렇게 마음의 여백을 주는 응원은 참 힘이 된다.

열 번 찍어 안 넘어가는 나무도 있다

우리는 포기라는 말을 쓸 때는 부정적인 말을 뒤에 붙인다. 포기하지 말라고 포기해서는 안 된다고. 그러나 아무리 노력해도 안 될 때는 포기해도 된다고 얘기해 주자. 10년 고시 준비한 사람에게 이제는 그만해도 된다고 얘기해주자. 길이라는 게 하나만 있는 게 아니다. 때로는 돌아서 갈 수도 있고 몇 걸음 뒤로 갔다가 갈 수도 있다. 단 한 가지 길만 고집하면 본인이 괴로워진다. 물론 몇 미터만 더 가면 꿈에 다다를 수 있는데 포기하라고는 할 수 없다. 하지만 해도 해도 안 되는 것들은 포기하라고 얘기해도 좋지 않을까. 세상에는 열 번 찍어서 안 넘어가는 나무도 있는 것이다. 그냥 무작정 몰아세운다고 다 되는 게 아니다. 가던 길 반 정도 왔다고 해도 다시 되돌아갈 수 있는 용기도 필요하다.

내가 소속된 우리 학과에는 식품영양학이 무엇인지 잘 모르고 입학한 신입생이 꽤 있다. 학생은 수업을 듣다 보면 식품의 화학구조가 나오고 복잡한 영양성분 용어가 쏟아지니 몸서리치도록 싫을 수 있다. 나는 그들에게 '열 번 찍어도 안 되는 과목이 있을 수 있다'고 말해주며 하다가 안 되면 돌아가라고 한다. 싫어서 포기하지 말고 더 적극적인 자세로 임하여 식품영양학을 토대로 다른 수많은 응용 분야를 찾으라고 한다. 직업의 종류는 상상외로 정말 다양하게 많다. 그런데 자기가 원하는 것을 모르고 자기가 잘하는 것을 거부하고 그저 소속만 중요하다고 생각하는 경우들이 많다. 우리 학과의 예를 들면, 적성에 맞지도 않고 가능성도 없는데도 끝까지 스트레스를 받으면서 졸업 때까지 영양사 국가고시에 매달린다. 시험을 치른 후 당연히 떨어져서 그때야 할 일을 찾지 못해 방황하는 것은 안타까운 일이다. 내가 주위를 바라보면서 '멘토와 멘티는 분명히 다 현명해야 한다'고 종종 생각하는 이유가 바로 여기에 있다.

　취업을 위해 이력서 1,000장을 쓴 친구도 있다. 자신의 위치에서 할 수 있는 모든 노력을 다하고 있다. 하지만 결과가 신통치 않다. 그래서 더 낙담하게 되고 급격하게 좌절모드로 접어든다. 기성세대는 그들을 응원한답시고 "하다 보면 될 거야. 조금만 더 힘내!"라고 얘기하지만 이젠 그런 응원도 스트레스로 다가온다. 누군가 이 길이 아닌 다른 길을 제시해주면 좋으련만, 선배들은 그저 꿈을 포기하지 말고 계속 도전하라고만 한다. 적절한 타이밍에 때로는 포기할 줄도 알아야 다른 선택의 요인들이 눈앞에 나타나는데 우리는 한 가지 길만 계속 강요하고 있다. 포기하지 않고 계속 붙잡고 있으면 밤잠을 못 자는 스트레스는 물론이고 우울증이 올 수도 있다. '왜 나는 해도 해도 안 되는 걸까' 우울증은 자학으로 이어지면 심각한 경우에는 자살에까지 이르게 한다. 이렇게 극단까지 사람을 몰고 가야 하는가. 도전도 중요하다. 자꾸 시도해야 나를 바꾸고 세상을 바꿀 수 있다. 그러나 안 되는 건 적당한 타이밍에 포기할 줄도 알아야 다음 종목에 도전할 힘이 생긴다.

포기의 이면에 새로운 도전이 숨 쉰다

수렵민족이었던 앵글로 색슨족은 포기를 잘 한다고 한다. 안 되는 것에 집착하기보다 되는 것에 집중하는 힘이 실질적인 성과물을 높인다. 그들은 안 되는 것을 포기하면서 될 만한 일에 도전한다. 포기하라는 건 쉽게 도전을 멈추라는 게 아니라, 내 스타일에 맞지 않거나 기분이 내키지 않거나 내 영역이 아니라고 생각되는 일들을 가지치기하라는 것이다. 도전이라는 것도 내가 하고 싶은 것에 도전하고 이루었을 때만이 성취가 있는 것이지, 나는 흥미가 없는데 그저 남들이 해보라고 도전하는 일은 수동적인 목표이기에 그 과정은 아주 힘겹다. 남이 아닌 내 기준에 맞는 도전을 찾아야 한다. 포기라는 건 그런 도전을 찾는 기회이기도 하다. 포기가 무조건 나쁘다고 볼 것이 아니라 새로운 도전의 기회로 삼는 자세가 필요하다. '이건 불가능해'라고 도전을 멈추라는 것이 아니라 '이건 내 일이 아니야'라고 정리를 하라는 것이다. 포기는 선택의 문제이지 의무의 차원이 아니다. 포기는 도덕의 차원이 아니라 내 삶의 과정이라 생각하자. 두 걸음 더 나아가기 위해 한 걸음 물러설 줄도 알아야 한다.

우리 인생의 정답은 하나가 아니다. 선배들은 살면서 그걸 온몸으로 체득했으면서도 후배 청년들에게는 한 가지 정답만 강조하는 경향이 있다. 그게 숨 막히는 고정관념이고 그게 스트레스를 준다. 선택의 폭을 넓게 하고 사고를 유연하게 하자. 포기를 도덕적 패륜아로 만들지 말고 올바른 인생경로를 위한 다양한 선택의 코스로 받아

들이자. 그래야 쫓기듯이 사는 인생에서 느긋하게 즐기는 인생으로
바뀔 수 있지 않을까 싶다.

TIP 구체적인 실천방안

1. 어려운 일, 안 되는 일을 포기하는 것을 도전을 멈추는 게 아니라 새로
   운 도전을 찾는 것이라 생각하라.
2. 포기해서 오히려 더 성공한 사람을 찾아보라.
   그들이 왜 포기했고 그게 어떻게 성공으로 이어졌는지 분석하라.
3. 하는 일마다 안 된다면 포기할 수는 없고, 마음에 스트레스만 가득하다
   면 더욱 적극적으로 『성공을 부르는 포기의 힘』이라는 책을 권한다.

숫자의 마력에 빠져볼까?

"우리는 막연히 '이런 일을 하면 좋을 것이다. 이런 사람들은 우리에게 도움이 될 것이다'라는 생각을 하곤 한다. 그러나 구체적인 숫자의 결과를 놓고 보면 우리의 예상을 뒤엎는 경우가 많이 발생한다. 이것이 숫자의 힘이다. 느낌보다 숫자는 정확한 의사결정을 하게 해준다."

– 손봉석 (회계사)

주민등록번호, 학번, 차량번호, 은행 계좌번호, 카드번호, 휴대폰 번호… 나는 수많은 번호로 둘러싸여 있다. 내 인생에 이름보다 숫자가 차지하는 비중이 점점 늘고 있는 느낌이다. 마치 바코드에 갇혀버리는 느낌이라고나 할까.

나는 이과 출신이어서 어쩔 수 없이 수학을 많이 접했지만 수학이 그렇게 좋지는 않았다. 그 숫자들은 공부를 위한 숫자였지만 내 인생을 유쾌하게 한 숫자는 아니었다. 그러나 한 해 두 해 살다 보니 숫자를 무시하고 살 수는 없었다. 자본주의의 모든 비즈니스는 숫자와 연관되어 있고 내가 작업했던 모든 프로젝트는 숫자와 통계에 많이 기대고 있었다. 숫자가 싫다고 숫자를 버릴 수 없는 게 내 인생이었다. 버릴 수 없다면 차라리 가지고 노는 게 상책. 그렇다면 이 숫자를 어떻게 가지고 놀아야 잘 논다고 할 수 있을까. 난 숫자를 목표와 친하게 만들고 싶었다. 구체적인 숫자로 목표를 잡으면 그 목표가 빨리 이루어졌다. 숫자는 계산이 아니라 노력이었고 삶의 과정이었다. 뜻밖에 숫자 속에는 우직한 땀이 있었고 정직한 믿음이 있었다. 비인간적이었던 숫자에서 인간미를 발견했고 숫자 속에 인문학과 철학도 숨어 있는 걸 느꼈다.

숫자를 내세우면 목표도 빨리 이룬다

나는 가끔 숫자들이 나의 정신력을 강하게 해줄 때가 있음을 느낀다. 다이어트를 위해 줄넘기를 한다. 100개를 목표로 세웠다. 그 목표를 채우려는 노력이 바로 정신력으로 이어진다. 헉헉거리며 포기하고 싶은 마음도 숫자 100개에 정신력을 걸어놓고, 끝내는 그 목표를 이루고 만다. 숫자에 관한 안드레 애거시 테니스 선수의 이야기를 들어보자. "아버지는, 매일 공 2,500개를 치면 매주 1만 7,500개를 칠 수 있고 한 해가 지나면 거의 100만 개를 칠 수 있다고 했습니다. 아버지는 수학을 믿었고 숫자는 거짓말을 하지 않는다고 확신했습니다. 매년 공 100만 개를 친 아이는 천하무적이 될 거라고 말씀하셨죠." 숫자는 이렇듯 거짓말을 하지 않는다. 우리는 찰리 채플린을 타고난 연기자라고 부른다. 하지만 그의 얘기를 들어보면 그 연기가 숫자의 땀에서 비롯된 것을 알게 된다. "사람들은 제가 천부적인 재능을 타고났다고 합니다. 하지만 그분들이 모르는 것이 있습니다. 제가 1번을 웃기기 위하여 최소한 100번을 연습한다는 사실입니다. 당신은 100번을 연습한 적이 있습니까?"

연습과 노력을 숫자로 극명하게 설명해 준 사람으로 최배달이 유명하다. 그는 300번을 연습하면 흉내 내기가 가능하고, 3,000번을 연습하면 실전에서 쓸 수 있는 무기가 되고 3만 번을 연습하면 자신도 모르는 사이에 그 기술이 나와 상대를 제압할 수 있다고 했다. 대단하다. 숫자로 예를 들어 설명하니 절절하게 이해가 된다. 그는 단련을 설명할 때도 이렇게 얘기한다. "1,000일의 연습이 단鍛이고 10,000일의 연습이 연鍊이다. 그런 혹독한 단련이 있고 나서야 비로소 승리를 기대할 수 있다." 그냥 연습하지 마라. 숫자를 내세워서 구체적으로 연습하자. 그래야 나만의 무기가 생기고 세상을 제압할 기술이 생긴다. 막연한 노력이 아니라 구체적인 노력이 꿈을 앞당길 수 있다는 얘기다. 숫자로 표현하는 힘은 세다. 갖고 싶은 목표는 숫자로 적는 게 좋다. '그냥 부자가 되자'보다는 '몇억을 몇 년 안에 모아서 부자가 될 것'이라고 숫자로 표현하는 게 그것을 달성하는 데 더 큰 힘을 준다. 숫자는 구체적이다. 흐리멍덩하게 표현하는 목표를 갖지 말고 숫자로 구체화해야 한다.

숫자는 설득력이 강하고 이해도 빠르다

앞서 언급한 것처럼 우리는 숫자 시대에 살고 있다. 모든 것을 숫자로 설명할 수 있고, 숫자 하나만 있으면 내 신상정보가 다 노출이 된다. 누군가의 고객인 나는 내 구매활동 내역을 통해 나의 라이프스타일까지 추적당할 수 있다. 숫자는 무섭게 나를 포위하고 있다. 하지만 이 숫자로 나 역시 다른 사람을 쉽게 설득할 수 있다.

그냥 살을 빼는 건 쉽지 않다. 몇 kg까지 뺀다는 정확한 목표가 있어야 한다. 나는 다이어트 수학을 주장한 적이 있다. 예를 들면 이렇다. 다이어트 초보자를 위한 좋은 지표가 있다. 에너지 소비와 공급의 균형을 맞출 수 있도록 스스로 자신의 1일 필요열량을 계산하는 것이다. 에너지 권장량은 정상적인 활동을 하는 평균 체격의 성인을 기준으로 하여 책정된 평균값이다. 따라서 이는 건강 상태나 외부 환경 등에 따른 각 개인의 에너지 필요량과는 약간의 차이가 있을 수 있다. 이 에너지 권장량 지표에 따르면 체중 65kg 남성의 경우 2,600cal, 체중 55kg 여성의 경우 2,000cal 섭취를 권장하고 있다.

물론 기본 공식만 알아선 수학을 잘한다고 할 수 없다. 기본 공식에서 응용된 문제까지 잘 풀어야 한다. 다이어트는 체중을 줄인다는 의미가 아니라 일상 속에서 건강한 식단을 선택하여 목표에 맞는 건강한 삶을 산다는 뜻이다. 체형관리나 체중감량을 원하는 사람의 경우에는 섭취량을 줄이거나 운동으로 소비하는 열량을 증가시켜야 한다. 이 에너지 균형의 계산 공식을 인지하고 있으면 단식이나 무리한 절식으로 인한 요요의 악순환에서 벗어날 수 있다. 우리가 체중 1kg을 감량하려면 열량 7,700cal를 소모시켜야 한다. 즉 한 달 동안 2kg을 감량하려면 15,400cal를 소모해야 하고, 한 달 30일로 나누면 하루에 약 500cal를 줄이면 된다. 즉 하루에 운동을 하건 먹는 것을 줄이건 500cal만 기억하면 한 달 안에 2kg의 감량이 가능하다는 것이다. 간식을 줄이거나 엘리베이터 대신 계단을 이용하는 등 일상 속에서 마이너스 500Kcal는 충분히 달성할 수 있다.

우리는 캔버스에 붓만 잠시 갖다 대면 아름다운 한 폭의 그림이 완성되는 일명 '밥 아저씨'가 아니다. 다이어트의 성공은 초보자들에게 결코 쉬운 일이 아니다. 그러나 자신에게 꼭 필요한 만큼의 적당한 음식량과 운동량을 계산해낼 수 있다면, 남들이 말하는 '극한의 고통' 없이도 우리는 아름다운 체형을 지닐 수 있는 것이다. 이제는 살을 뺄 때도 적당히 굶는 비합리적인 생각에서 벗어나서 정확한 다이어트 수학 공부를 해야 한다. 그리고 또 다른 목표에 도전할 때도 공식에 대입하여 숫자로 구체적 계획을 세워보는 것이 목표달성에 근접하는 길이다.

TIP 구체적인 실천방안

1. 원하는 목표와 갖고 싶은 꿈을 정확하게 숫자로 적어보자. 올 한해 8,900만 원을 벌겠다고 구체적으로 적자.
2. 기획서나 보고서를 쓸 때 숫자와 통계를 적절히 활용하자. 설득력에 신뢰도가 더해질 것이다.
3. 누군가와 이야기할 때도 가끔 숫자를 섞어가며 이야기하자. 애기가 겉돌지 않고 설득력이 높아질 것이다.

내리막길도 연습이 필요해

"40대는 인생에서든 필드에서든 밀려난다는 느낌을 받는 나이다.

쇠락해가는 육체를 고스란히 감수해야 하고,

인생의 정점에서 내리막길에 접어들었다는 정서적인 허탈감을 추슬러야 한다."

– 구본형

　　내 나이 정도 되면 산을 좋아하는 사람들이 많아진다. 4,50대들은 각종 산악회에 얼굴을 내밀며 여기저기 화려한 아웃도어 패션을 단풍잎처럼 물들인다. 그들 중에는 정말 산이 좋아서 가는 사람이 있고 단순히 새로운 사람을 만나기 위해 가는 사람도 있다. 나는 걷는 게 힘들어서 그렇게 산을 좋아하지는 않는데 간혹 억지로 산을 타야 할 때 느끼는 건 올라갈 때는 몸을 숙인다는 것과, 높은 곳을 향해 걸어가는 사람은 거만한 자세를 가질 수가 없다는 거다. 대신 내려갈 때의 자세는 뒤로 젖혀지는데, 조금만 방심하면 추락의 위험이 있다. 우리는 정상을 향해 올라갈 때 모든 정신력과 에너지를 집중한다. 하지만 내려올 때는 마치 할 것 다 했다는 자세로 나른해지기 쉽다. 그러다 사고가 나는 거다. 올라갈 때보다 내려올 때가 더 위험하기 때문이다.

등산사고 중 가장 많은 것이 굴러 떨어지거나 넘어지는 것이라고 한다. 그리고 산을 오를 때보다 내려올 때 사고가 훨씬 자주 발생한다. 이게 뭘 의미하는가. 인생도 그럴 것이다. 정상을 향해 올라갈 때는 모든 정신력과 열정을 집중하지만 내려올 때는 나른함과 방심 혹은 낭패감과 좌절로 실수하게 되어 더 큰 상처를 받게 된다. 나는 오르막길보다 내리막길에서 인생의 큰 교훈이 숨겨져 있다고 본다. 추락하고 상처받는 영혼이 더 큰 성장을 한다. 인생은 어차피 롤러코스터고 새옹지마 아닌가. 올라갈 때가 있으면 내려갈 때를 대비해야 하고, 밑바닥에 있다면 조만간 올라갈 기회가 생기는 법이다.

"내려갈 때 보았네, 올라갈 때 보지 못했던 그 꽃." 고은 시인의 〈순간의 꽃〉이라는 시다. 난 이 시가 울림이 있어 좋다. 시구 하나가 인생을 반성하게 한다. 나도 올라갈 때는 오직 목표만 생각했다. 주변에 누가 있는지 전혀 생각하지 못했다. 나 혼자 힘으로 살아가는 인생이 아닌데 30대에는 그저 내 힘으로 다 이룬 것이라 착각하고 오만했다. 어느덧 두 개의 대학에서 10년이 넘는 교수생활을 하는 동안 많은 동료와 학생들을 만났고 또 8년 동안 비만클리닉을 운영할 때는 1만 명에 가까운 사람을 만났다. 그리고 이래저래 친구와 지인들을 보면 내 주변에 참 고마운 사람들이 많았구나 하는 고마움과 반성이

교차한다. 올라갈 때 그들을 보지 못했던 것 같아 미안한 마음도 든
다. 누구나 그렇지만 인생은 오르막길과 내리막길을 반복한다. 계속
오르막길만 있는 인생은 없다. 그런데 내리막길을 우습게 봤다가 사
고 나는 사람이 많기 때문에 나는 그 내리막길도 연습이 필요하다고
얘기한다. 내리막길을 연습하다 보면 의외의 보물을 발견할 수 있다.

내려올 때는 다른 세상이 보인다

산을 오를 때 우리는 앞만 보며 올라가고 정상만 바라보며 의욕을
다진다. 그러나 내려올 때는 어떤가. 오를 때와는 다르게 한결 여유
가 생기면서 그냥 스치는 들꽃도 보게 되고 이상한 모양의 나무도 만
져보게 된다. 산 아래 시원하게 펼쳐진 전망은 오를 때 흘렸던 땀을
시원하게 식혀준다. 우리는 억지로라도 다른 시선으로 세상을 바라
볼 필요가 있다. 인생에서 추락하거나 내리막길에 접어들었을 때 우
리는 지금까지 바라보던 시선과 다르게 세상을 보게 된다. 내가 처한
위치가 달라졌기에 그동안 안 보이던 게 보이는 것이다. '아름답게 내
려오는 법'을 늘 고민하며 사는 에스에(SE) 너싱홈 강세호 원장은 이
런 말을 한다. "은퇴 후 노후엔 아름답게 산에서 내려가는 법을 실천
해야 한다고 생각했습니다. 젊은 시절 앞만 보며 달려오느라 보지 못
했던 것들이 이제야 조금씩 보이기 시작하더군요. 이제부터라도 주
위를 챙기는 삶을 살아야지요." 일만 생각하고 돈만 벌며 살았던 인
생이라면 이젠 사람을 생각하고 사회를 생각하는 습관을 지닐 필요
가 있다. 그동안 자신이 사회로부터 받은 게 많다고 생각한다면 이제

는 사회에 그것을 돌려주는 연습도 시작해야 한다. 늘 일과 관계된 사람들만 만났다면 내리막길에는 전혀 다른 종류의 사람들도 만나고, 또 그들에게서 새로운 인생교훈을 얻어야 한다. 내리막길이 좌절과 낭패감의 시기가 아니라 새로운 경험을 하게 하는 인생 후반전의 짜릿함으로 받아들이고 즐겨야 한다. 누구나 추락할 수 있다. 누구나 내리막길에 들어설 수 있다. 그러나 우리 인생은 추락했다고 망가지거나 폐인이 되는 게 아니다. 추락하는 순간 전혀 다른 세상의 기회가 주어진다. 그 기회가 분명 또 다른 오르막을 만드는 반전의 기회가 될 것이다. 그렇기에 승진에 누락되었다고 취업에 고배를 마셨다고 좌절하거나 낙담하지 말자.

많이 내려온 사람이 많이 올라간다

산 정상 위에 죽치고 사는 사람이 아닌 이상, 산은 한번 올라가면 결국 내려오게 되어 있다. 산악인 엄홍길 씨는 수많은 산을 정복했지만 반면에 실패도 많이 맛본 사람이다. 그는 내려오는 연습을 산타기에 빗대어 이렇게 얘기한다. "히말라야 고봉을 오르내리며 배운 게 하나 있습니다. 산은 오를 때보다 내려올 때가 더 힘들고 위험합니다. 산 정상에 올랐다고 해서 모든 게 끝난 것은 아닙니다. 이를 정복, 성공으로 보면 더 큰 문제가 생길 수도 있습니다. 그다음이 중요합니다. 처음 출발했던 지점까지 제대로 내려오는 것도 올라갈 때 못지않게 생명을 담보해야 합니다. 내려오는 연습이 그만큼 중요한 셈이지요." 여자이지만 나는 프로야구를 좋아한다. 1982년 프로야구 출

범할 때부터 좋아했다. 좋아하는 감독 중의 한 분이 2015년 한화이글
스 감독을 맡은 김성근 감독인데 이 분이 인생에 대해 한 마디 한 마
디 할 때마다 찌릿찌릿할 때가 있다. 김 감독님도 내리막길에 관해
얘기한 적이 있다. 김 감독님은 내리막길에서 실패의 순간에 발상의
전환이 필요하다고 얘기한다. 안 된다는 생각에서 벗어나 어떻게 하
면 잘할 수 있는지를 생각하라고 한다. 정상 정복의 희열만이 인생이
아니다. 나는 내리막길과 추락의 순간에서 다시 치고 올라가는 반전
의 경험이 오히려 인생에 더 큰 기쁨을 준다고 생각한다. 지금 내려
오는 길이라면 좌절과 상실감은 하나씩 버리면서 내려오라. 대신 다
내려갔을 때 다시 올라갈 다른 코스를 느긋하게 생각하자. 자꾸만 내
리막길이라고 좌절하지 말자. 자주 실패하고 자꾸 넘어지고 시행착
오가 많은 인생이 더 강하고 더 높은 세계로 올라갈 수 있는 법이다.
난 내리막길의 끝에서 이런 표지판을 읽은 적이 있다. "추락하는 것
은 운명이지만 다시 날아오르려 하지 않는 것은 타락이다."

TIP **구체적인 실천방안**

1. 누구나 추락할 수 있다고 생각하며 살자. 대신 늘 반전을 연습하자.
2. 좌절을 겪은 사람들과 손을 잡고 그들과 함께 일어서자.
   함께하는 반전이 더 짜릿하다.
3. 누구나 좌절과 내리막길의 나이테가 있다. 같은 경험을 공유하며
   다시 오르막길의 지혜를 얻자.
4. 슬프고 힘들 때 시소를 생각하자. 잠시 내려갔다가 다시 올라간다는
   틀림없는 사실을 명심하자.

사표는 감정적으로 던지는 게 아냐

"평생 새장 속에 살면서 안전과 먹이를 담보로 날 수 있는 능력을 스스로 포기할 것
인지, 새장 밖의 위험을 감수하면서 가지고 있는 능력의 최대치를 발휘하며 창공으
로 비상할 것인지. 나는 지금 두 번째의 삶에 온통 마음이 끌려 있다."

– 한비야

난 서일대 교수였다. 그것도 8년 넘게 교수생활을 했다. 서른 살
에 학위를 마쳤고 교수가 되었다. 그렇게 운 좋은 나를 부러워하는
사람도 있었고 또 기분 나빠 하는 사람도 있었을 것이다. 나는 신설
학과의 학과장으로 발령을 받아서 강의실과 실습실을 만드는 그 하
나하나부터 내 손때를 직접 묻혀가며 열정적으로 일했다. 임용 첫
해에는 거의 밤 12시가 넘어 귀가했던 거 같다. 좀 힘들었지만 학생
들이 있어서 너무 행복했다. 그 당시 나는 감사하는 마음으로, 그리
고 젊었으니까 사명감과 열정으로 최선을 다했다. 서일대에서 동료

교수들도 좋은 분들을 많이 만났다. 열악한 환경에서 나의 운영방침을 믿어주시고 우리 학과가 우뚝 설 수 있도록 학교에 소신껏 제안을 해주셨던 강현중 교수님, 그리고 살면서 이런 사람과 한 번쯤 동료일 수 있어서 행운이었다고 생각케 하는 정연우 교수님과 힘들 때마다 나를 웃을 수 있게 해주셨던 박철우 교수님이 계셔서 너무 감사했다. 어떤 경우에도 소신과 사명을 지키는 교수님들을 만났던 서일대 생활은 내 인생에 소중한 시간이었다. 강현중 교수님은 유연함과 강인함의 지혜를 알려주셨던 분이고, 정연우 교수님은 내가 당당한 선생이자 스승으로 살 수 있도록 본보기를 보여주셨던 분이며, 박철우 교수님은 내가 사직서를 내고 나오던 날에 서일의 멋진 교수를 잃었다며 눈물을 흘리신 분이다.

그렇게 나름 좋은 교수생활을 하던 차에 내 신장 기능이 너무 안 좋아져서 어느 날 휴직계를 냈다. 한 번 휴직계를 낸 후 재휴직계를 낸 것은 학교 관례에 없었던 모양이었는지 학교 측은 안 된다고 거절했다. "휴직계는 안 됩니다. 휴직하시려면 그냥 학교를 그만두셔야 합니다." 나에게 어떻게 이럴 수가 있지? 내가 얼마나 학교를 위해 많은 일을 했는데... 그때 난 몸이 아파서였는지 아니면 내 노력에 대한 억울함 때문이었는지 여러 가지로 실망이 커서 학교에 별 미련이 남지 않았다. 약간 혼란스러웠지만 그날 하룻밤 고민하고 바로 사직서를 냈다. 동료 교수님 중 한 분이 내 사직서 소식을 듣고 학교에 건의하시겠다고 했지만 나는 나로 인해서 다른 사람들이 불편해지거나 내가 누구에게 신세지는 상황을 만들고 싶지 않았다. 사표를 낸다고 그게 내 인생의 끝이라고 생각은 안 했다. 그리고 그때는 "이 수준이었어? 치사해서 안 해"라고 중얼거리며 내 자리를 비워달라는 것이 구차해 보여서 당당하게 사직서를 내고 싶었다.

사표는 욱할 때 던지는 게 아니야

내가 사표를 낸 것은 무언가 대안이 있어서 낸 게 아니었다. 대안이 있다는 건 그 조직을 떠날 마음을 미리 품고 있었다는 얘기다. 조직이 마음에 안 들면 대안을 준비할 필요는 있다. 그러나 나의 경우는 전혀 예상하지 못했던 상황이었다. 치료를 받느라 1년을 휴직했던 상황의 연장이어서 당연히 가능할 거라 생각했다. 그 당시 난 이해할 수 없었지만 내 빈자리로 인한 부담도 싫었고, 또 나로 인해 다른 분들이 힘쓸 수 없는 일에 부담을 느끼는 것도 싫었다. 그냥 떠나고 싶었고 내 스타일대로 마음을 다 비워버렸다. 동료 교수와 상담을 하고 오랫동안 진지하게 고민하고 사직서를 쓰는 게 좋았겠지만 난 그렇게 하지 않았다. 친하게 지내던 교수님들은 나의 사직서 소식을 학교에서 듣고 나에게 정말 서운해 하시기도 했다. 비우고 나니 더 이상 교수를 하고 싶지도 않았고 앞으로 학생들에게 행복한 모습으로 스승이 될 수도 없을 것 같아서 주저하는 마음도 사라졌다. 물론 학교와 학생이 다시 그리워졌을 때 밤에 잠들지 못하고 가슴 아팠던 기억도 있다. 그런 기억을 생각하면 운명과 같은 결정이라 할지라도 신중해야 함을 느낀다. 그때는 잘난 정의감이었는지 참을 수 없는 서운함이었는지 잘 모르겠지만 지금 생각하면 미친 잘난 척이었던 거 같다. 지금이라면 절대로 그렇게 하지 않았을 것이다. 나는 윗분께 내 사정을 말씀드리고 내가 어떻게 어떤 모습으로 교수생활을 했는지도 한 번쯤 설명하고 부탁했을 거 같다. 젊음이 뭔지 자존심이 뭔지 그땐 그 모든 게 구질구질하게 느껴졌다. 조교에게 내 연구실에 있던 그 많은 책도 다 버리라고 했고 달랑 제자들 명단과 내 학위논문만 들고 나왔다. 확고한 나 자신의 결정이었는데도 그 세월이 얼마나 소중했는지 집으로 오는 내내 눈물이 주르르 계속 흘렀던 기억이 있다. 그렇게 던진 사직서였는데 내가 교수를 그만두고 나오니 주위에서는 어떻게 그 좋은 교수직을 그만두느냐 어떻게 한마디 말도 없이 그런 결정을 했느냐고 내 마음은 생각하지 않고, 심지어 "뭔가 다른 이유가 있다. 또는 제정신이 아니다"며 말들이 많았다. 우리나라 사람들은 모두가 자기 해석대로 말을 만들어 아픈 사람을 더 아프게 하는 참 무서운 사람들이라는 생각이 들 정도였다.

대한민국의 모든 직장인은 사직서를 품에 넣고 다닐 것이다. 직장 상사와 마음 편히 잘 지내는 사람들이 몇 명이나 되겠는가. 관련 연구조사에 따르면, 직장인 최고의 스트레스는 돈도 아니고 일도 아니다. 바로 인간관계라고 한다. 인간관계에 스트레스가 쌓이면 하루하루가 지옥이다. 회사 다닐 맛이 안 난다. 그나마 가장의 책임의식이나 살림살이가 걱정되어서 아니면 다른 직장 구하기가 애매해서 울며 겨자 먹기로 회사에 다닌다. 눈치 보고 손 비벼가며 말이다. 난 사표를 던지기 전에 일 하나만큼은 잘한다는 소리를 듣고 던져야 한다고 본다. 평균 이상의 성적으로, 아니 그 이상의 성적으로 업무결과를 내놓은 상태에서 사표를 던져야 내가 더 당당하고 꿀릴 게 없어진다. 그리고 사표를 던질 때는 냉정하게, 마치 몇 년 전부터 준비한 일을 하는 것처럼 차분하게 던져야 한다. 절대 감정에 휘둘려 결정한 일이 아니라는 점을 상대방에게 주지시켜야 한다. 나처럼 단 하루 만에 결정해서도 안 된다. 회사생활 하다 보면 하루에도 몇십 번 사표를 던지고 싶을 때가 있는 법이다. 그런 생각이 들 때 당신은 뭔가를 준비하고 있어야 한다. 다른 회사를 알아본다든가 다른 업종을 찾아본다든가 아니면 내게 부족한 무엇을 채우러 여행을 떠날 계획이라도 세우고 있어야 한다. 회사가 평생 당신을 보호해 주지는 않을 것이다. 일본에서 먼저 유행했지만 이미 그곳에서도 폐기처분이 된 개념이 평생직장이라는 개념이다. 안주하면 퇴보한다. 요즘 공무원도 철밥통을 깨고 나와 새로운 변화를 추구하지 않는가. 내 능력의 한계치가 어디까지인지 본인 스스로 FA가 되어 시장의 평가를 받아야 한다. 그렇게 도전이 일상이 되어야 성취가 커지지 않을까.

준비하는 자가 결국 다 가진다

〈The winner takes it all〉 그룹 아바(ABBA)의 유명한 노래 제목이다. 승리한 자가 다 가진다는 의미. 난 이 말에 앞서서 전제조건이 있어야 한다고 생각한다. 준비하는 자가 승리하고 그래서 승리한 자가 결국은 다 갖는다는 의미로서, 준비하지 않는 자는 승리할 수 없다. 가만히 앉아 있는 사람에게 세상은 선물을 주지 않는다. 무언

가 움직이고 도전하고 시도하는 자에게 뜻하지 않은 행운이 주어진
다. 지금 조직에 있다면 그 조직에 쓰러질 만큼 최선을 다해 일하고
충실하라. 하지만 언제든지 떠날 준비를 해라. 그래야 나만의 능동
적인 인생이 펼쳐질 것이다. 대비하지 않는 인생은 세상에 끌려다니
고, 대비하는 인생은 세상을 끌고 간다.

난 늘 남들이 예측하지 못하는 인생을 살았다. 서일대 교수를 그
만둔 거나 비만클리닉을 오픈한 거, 그리고 다시 병원을 떠나고 장
안대의 교수로 임용된 것과, 지금 방송활동을 하는 것 모두가 예측
하지 못한 삶의 코스였다. 하지만 내가 어떤 일을 해야겠다고 결정
을 하면 나는 최선을 다하여 준비했다. 누가 보면 즉흥적인 것으로
보이겠지만 사실 내면에는 나름대로 준비와 고뇌가 있었다. 대비하
지 않으면 제 뜻대로 인생을 주도해 갈 수가 없다. 우리나라가 왜
IMF 위기에 빠졌는가. 대비 없이 흥청망청했기 때문이다. 남의 돈
으로 사업을 크게 벌였기 때문이다. 1997년에는 기업이 위기였지만
지금은 가계살림이 위기다. 수입은 줄어드는데 아파트 융자금 이자
갚기도 힘겹다. 이런 상황이 왜 초래되는가. 최악의 상황이 올 줄 왜
예측하지 못 하는가. 미리 준비하지 않은 사람은 결국 쪽박을 차고
길거리로 내몰리게 되는 것이다. 그렇게 처참한 상황을 맞이하지 않
으려면 평소에 대비하여야 한다.

사표도 준비하는 사람의 몫이다. 아무것도 준비하지 않은 사람이
감히 사표를 던질 생각을 하면 안 된다. 자신의 감정이 지시하는 대

로만 살면 현실에서 추방될 수 있다. 세상에 무시당하지 않으려면 미리미리 준비해야 한다. 회사에서 억울하게 내쳐지지 않으려면 회사가 보내기 아까울 정도의 실력을 쌓아야 한다. 그게 사표를 쓰기 전의 기본 준비사항이다. 그리고 내가 사표를 냈을 때 내가 떠나는 것을 조직이 아쉬워해야 한다. 사표는 자주 던져야 한다. 더 나은 미래와 더 나은 변화를 위해. 하지만 준비가 안 된 상태로 던지면 다시 긴 시간이 필요하다는 것을 기억하기 바란다.

> **TIP** 구체적인 실천방안
>
> 1. 회사를 그만두려면 미리 철저히 준비하라.
> 2. 평소에 대안 직장과 대안 직업을 늘 찾아야 한다.
>   사람과 교류하며 그 대안을 만들어 가라.
> 3. 잘리지 말고 거꾸로 회사를 잘라라. 그러려면 실력을 키워야 한다.
>   회사가 아까워하는 인재로 능력을 키워놓고 사표를 써라.
> 4. 자기 스타일에 맞는 아르바이트가 있다면 서슴없이 하라.

일곱 번 넘어져도 일어나라

"얼굴을 해가 있는 쪽으로 향하면 그림자를 볼 수 없다.

나는 내게 역경을 내려주신 데 대해 신에게 감사한다.

역경을 통해 나는 나 자신과 나의 일, 나의 신을 찾을 수 있었기 때문이다."

— 헬렌 켈러

　나의 인생은 분명 상식적이지 않았다. 남들처럼 편안하게 오랫동안 교수생활을 하지도 않았다. 병원을 시작할 때는 의사가 아닌 사람이 비만클리닉을 한다며 많은 비난도 있었고, 고객 중엔 의사가 아닌 나를 처음엔 못 믿으니 "당신은 의사가 아닌데 그걸 어떻게 알아요"라며 무시한 사람도 많았다. 당연한 일이라고 나는 생각했다. 그래도 나는 자신 있게 내 의지대로 병원을 운영했고 다른 의사들이 의아해할 만큼 성공을 했다. 다시 장안대 교수로 임용될 때 계약서의 조건을 나는 자세히 읽지도 않았다. 처음 들어가는 학교이니 말단 교수는 당연한 거고 그 당시의 임용 조건이 내가 상상했던 거보다 못했지만, 내가 행복하기 위해서 다시 선택한 것은 학생들을 만나는 교수였다. 임용 지원서를 내고 결과를 기다리며 마음 졸였던 그 학교에서 나를 임용해 준 것만으로도 고마웠고 다시 기회를 부여받았으니, 난 다 된 거였다. 내 옛 동료나 친구들은 기획처장도 하고 부총장도 하고 최소한 원로교수처럼 지낸다. 친구의 제자가 나와 장안대의 동료로 지내고 있는데 간혹 같은 호칭을 들어서 민망한 때도 있지만 나는 "그게 뭐 어째서?"라고 생각하며 당당하게 지낸다. 우리 과에 말단 교수로 들어갔으니 그냥 그 자리에서 내가 할 수 있는 최선을 다하면서 행복하게 지내면 되는 거였다. 나름 경력이 꽤 있는 교수인 나는 가끔 일처리 방식이 안타까울 때도 있었지만 말단이라는 현실을 받아들이게 되었고, 나의 맡은 바 임무에 충실히 하려고 했다. 이건 조직이고 나 혼자가 아니라는 것을 곧 깨달았기에 욕심을 비울 수 있었다. 가끔은 안 되는 것을 바꾸려고 안달하는 건 어리석은 일이다. 사람들은 본인의 인생을 사는 것이고 나는 내 인생을 살아야 한다. 그러다 보니 제자들과 내 일에 더 집중하게 되었고 또 나만이 할 수 있는 일도 많아져서 지금은 여러 방송과 언론매체에서 전문가로 나를 찾고 있다.

나는 늘 어디론가 떠나야 했고 늘 새로운 도전을 준비해야 했다. 그렇지만 그런 것들은 결코 떠밀려서 수동적으로 했던 건 아니다. 내 스스로 선택했고 지금도 나는 후회하지 않는다. 그 모든 과정과 시련은 내 경험이 되었고 내 인생의 지침이 되었다. 선택한 상황마

다 역경은 있었다. 인생이라는 것이 늘 순풍에 돛단 듯이 갈 수가 없
다는 걸 너무나 잘 알기에 난 내 얼굴에 부딪히는 맞바람도 아픔도
그냥 흘려보냈다. 어차피 조금만 견디면 다 지나갈 바람이라 생각했
다. 사람 인생이라는 게 늘 터널 속에만 있는 게 아니다. 꾸준하게
걷다 보면 언젠가는 터널 끝의 밝은 빛이 보인다. 포기하지 않고 자
신을 믿으면 언젠가는 그 희망이 당신에게도 주어진다. 사람들이 흔
히 하는 한탄이 왜 나한테만 이런 일이 일어나느냐는 거다. 난 그런
분들에게 얘기한다. 당신 말고 다른 사람에게는 그보다 더한 일도
일어난다고. 그러니 잘 나가는 누군가를 부러워하지 말고 당신보다
못한 사람의 처지를 발판으로 삼으라고.

피할 수 없는 고통은 차라리 즐기라고 하지 않는가

나는 만화영화 노래 중에 〈개구리 왕눈이〉를 좋아한다. 그 노래는
리듬도 좋지만 가사가 완전 사기진작용이다. 특히 "비바람 몰아쳐도
이겨내고 일곱 번 넘어져도 일어나라 울지 말고 일어나 피리를 불어
라." 이 소절을 따라 하다 보면 없던 힘도 불끈불끈 솟아나는 느낌이
든다. 난 다이어리 맨 앞 장에 좋은 글귀를 써 놓고 나 자신을 자극
하기도 한다. 예전에는 이런 글귀를 쓴 적이 있다. "피할 수 없는 고
통이라면 차라리 즐겨라." 지금은 이 문구가 너무 많이 사용되어서
임팩트 있어 보이지 않지만 예전에는 흔한 말이 아니어서 나의 일상
에 충분히 자극을 주었다. 내 앞에 놓인 역경을 대처하는 나의 자세
가 한 해 두 해 지날수록 유연해지고 부드러워졌다. 30대 시절에는

62

무조건 자신감 넘치고 좌충우돌 내 자존심이 중요했는데 40대를 거치고 50대가 되니 내가 다치지 않고 역경을 넘어가는 요령과 방법을 터득하게 되었다. 대나무는 마디 하나에 도달했을 때 그걸 넘어서는 순간이 오래 걸리지만 그 마디를 지나면 급속도로 성장한다고 한다. 우리는 살면서 숱한 마디를 접한다. 누구는 그 마디에 잡혀서 오랫동안 성장을 못 하고 주저앉는 이가 있고 어떤 이는 두 마디 세 마디를 순식간에 성장해서 커가는 사람이 있다. 성장하는 사람의 공통점은 역경을 받아들이는 태도가 아주 긍정적이라는 데 있다. 이 역경도 나를 더 크게 만드는 도구라고 생각하면 마디를 넘어서는 게 꽤 쉽다.

지능지수와 감성지수에 이제는 역경지수를 높여야 할 시기

경영컨설턴트를 지낸 폴 스톨츠 박사는 '역경지수'라는 새로운 정의를 만들어 냈다. 새로움에 촉수가 예민한 난 이 말을 그냥 흘려보낼 수가 없었다. 특히 내 스타일에 딱 맞는 말이어서 아예 체포해서 내 지혜의 쪽방에 감금을 시켰다. 역경지수란 머리의 좋고 나쁨, 체력의 강함과 약함, 감성의 풍요와 빈곤함 등의 조건들도 물론 중요하지만, 그에 못지않게 중요한 것이 인생의 노정에서 마주치는 위기와 어려움을 '어떻게 극복해 나가는가'하는 정신을 말한다. 폴 스톨츠 박사는 그 주장을 뒷받침하는 과학적 방법을 만들어 냈는데 그게 바로 'AQAdversity Quotient'이다. 역경에 처했을 때 우리는 어떤 자세를 가져야 하는가. 우선 허둥대거나 초조해하면 안 된다. 곧 지나간다

는 마음과 인생의 시소타기 하는 마음으로 내려간 것을 즐기고 올라
갈 것을 준비해야 한다. 역경에서 빨리 벗어나려고 발버둥 치면 오
히려 역경의 늪에 더 깊이 빠져들 수가 있다. 차라리 느긋하게 힘을
빼고 올라갈 기회를 기다리는 게 좋다.

　추울 때 추위를 견디는 방법은 몸의 힘을 빼는 거라고 한다. 동생
친구가 군대에서 이걸 터득했다고 한다. 나도 해봤는데 여자는 잘
안 되는 듯했다. 어쨌든 역경 앞에서 너무 힘을 주고 있으면 부러지
고 아프다. 마치 바람을 타고 물결을 타듯 유연해야 한다. 맞서서 싸
운다는 자세보다 출렁이며 내 길을 가겠다는 자세가 필요하다. 막연
하게 긍정의 자세로 역경을 쉽게 건널 순 없다. 나는 역경을 이기는
세 가지 마음의 무기로, '힘 빼기'와 '인생 시소 타기' '어차피 다 지
나간다'를 얘기한다. 1년 전부터 내가 카톡 프로필에 "Soon it shall
also come to pass"라고 써뒀더니 진짜 여유가 생겼다. 이 세 가지
만 있으면 어떤 힘든 일이 닥쳐도 슬기롭게 이겨내고 성장할 수 있
을 것이다.

　역경지수하면 떠오르는 사람이 바로 히말라야 14좌를 완등한 박영
석 대장과 히말라야의 16좌를 완등한 엄홍길 대장이다. 박영석 대장
은 안타깝게도 2011년 10월 안나푸르나 등정 중에 실종되었다. 나는
이분들이 걸어간 길, 이분들의 말씀 한 마디 한 마디가 역경지수를
높이는 에너지가 된다고 본다. 박영석 대장은 자신을 지능지수보다
역경지수가 높은 사람이라고 얘기했다. "실패는 엄청난 공부고 최고

의 스승이에요. 단 최선을 다한 실패여야죠. 어설픈 실패는 뭐가 잘 못되었는지도 모르거든요. 성공은 실패나 역경을 얼마나 잘 극복했느냐에 달려 있고 그래야 더 큰 성취감과 행복을 느낄 수 있어요."

그는 극한의 상황에서도 역경을 뚫고 세계 그 어떤 산악인도 도달하기 힘든 그랜드슬램을 달성했다. 엄홍길 대장은 『8000m의 희망과 고독』이란 책의 마무리에 예지 쿠쿠츠카의 "긴 세월 평범하게 살며 얻는 것보다 더 많은 것을 저 높은 곳에서 한 달 사이에 체험했다"는 말을 실었다. 그는 1998년 안나푸르나 등정 도중 해발 7700m에서 낭떠러지로 추락하는 셰르파를 구하려다가 다리가 로프에 걸려 오른쪽 발목이 180도 돌아갔던 일과, 딛고 서기도 힘든 발목 상태에서 죽음을 뚫고 결국 2박 3일간 무릎과 팔꿈치로 히말라야를 내려왔던 극복기를 설명했다. 이 박영석 대장과 엄홍길 대장의 역경 에너지를 지금 이 책을 읽는 모든 독자에게 심어드리고 싶다.

우리 앞의 역경은 오히려 기회가 될 수도 있다. 순풍은 사람을 약하게 만들고 역풍은 사람을 강하게 만든다는 말도 있지 않은가. 타계한 장영희 교수는 '하느님은 일어나는 걸 가르치기 위해 넘어뜨린다'고 말했다. 나를 쓰러트린 역경에 그냥 주저앉지 말고, 개구리 왕눈이처럼 넘어지면 자꾸 신나게 일어나는 연습을 해야 한다. 한국인은 오기가 강하다고 한다. 역경 앞에 오기를 부려서 자기 생명력을 더 강하게 만들 필요가 있다. 역경에 맞서는 오기는 당신의 역경지수를 높이는 큰 영양분이 될 것이다.

TIP 구체적인 실천방안

1. 기업경영에서도 역경지수는 필수적이다. 인재를 뽑을 때 지능지수보다 역경지수를 먼저 보라.
2. 역경 앞에 남 탓하면 성장할 수가 없다. 내가 이 역경을 다 책임진다는 자세로 반전의 기회를 모색하라.
3. 폴 스톨츠 박사는 역경지수도 훈련이 필요하다고 했다. 더 강해지려면 연습도 필요하다.
4. 역경지수 높은 사람들의 리스트를 뽑아라. 밑바닥에서 부활한 그들의 에너지를 자기 것으로 만들어라.
5. 고난이 닥쳤을 때 앞으로 더 좋은 일이 올 거라는 믿음을 강하게 가져라.

솔직함이 주는 자유를 만끽하라

"항상 솔직해라.
그 솔직함으로 인해 많은 적이 생길 수 있으나 결국 그들도 너를 사랑할 것이다."

– 도스토프예프스키

    솔직과 정직은 뉘앙스가 조금 다르다. 정직은 왠지 가르치려 드는 것 같지만 솔직은 자기 내면과 이야기하는 것 같다. 그래서 난 '솔직히'라는 말이 좋다. 자기에게 당당하고 세상에 당당할 수 있어서 좋다. 나는 솔직히 내숭을 잘 못 떤다. 항상 사람을 대할 때도 진심으로 대한다. 계산하지 못하고 무언가를 감추지 못한다. 나는 입을 닫으면 닫았지 가식적이지 않았다. 그게 나였고 그렇게 살아왔다. 솔직하게 살면서 손해를 본 적도 많았다. 나만 솔직할 뿐 남들은 내게 많이 가식적이어서 그랬나 보다. 그러나 나중에 돌아보니 그게 그다지 큰 손해는 아니었다. 오히려 나를 많이 믿고 인정하는 사람들도

생기게 되었다. 그런데 손해를 보면 또 어떤가? 그냥 나는 솔직한
게 좋았다.

연애할 때도 솔직한 게 좋다. 자신의 단점을 감추려고만 든다면
그건 연애가 아니라 사기다. 상대방의 단점까지 사랑할 수 있는 게
연애이고 사랑이다. 그저 좋게만 보이려고 자신을 포장하려고만 하
면 스스로 당당하지 못하고 위축이 된다. 난 이 사람이 정말 좋아서
꼭 잡아야 한다는 절박한 마음은 자신을 더욱 드러내지 않고 좋게만
보이려는 가식적인 행동으로 이끈다. 음식도 조미료를 많이 치면 역
겹다. 이 사람과의 관계가 깨어져도 좋다는 각오로 솔직해라. '그래,
나 이런 단점이 있어'라고 솔직하게 밝히는 사람이 더 사랑받기 쉽
다. 연애는 솔직하지 않으면 절대 오래갈 수 없다.

밉고 원망스러운 사람 앞에서 차마 말도 못하고 끙끙거릴 때가 있
다. 상대방은 내가 왜 그런지 몰라서 멀뚱멀뚱하고, 나는 내 감정을
솔직하게 표현하지 못해 가슴앓이를 한다. 며칠 그런 마음을 가지고
있으면 상대방에 대한 원망의 감정이 더 커지고 나 자신도 그 감정의
사슬에서 헤어나지 못한다. "나, 이래서 당신이 밉다"고 솔직당당하
게 표현했으면 간단했을 문제가 시간이 지날수록 더 복잡해진다. 솔
직하지 못하면 자신의 감정에서도 자유롭지 못하게 되는 것이다.

우리는 살아가면서 참 많은 스트레스를 생산(?)한다. 그런데 그 스
트레스 중 대부분은 아마도 자기를 솔직하게 드러내지 못해서 만들

어지는 것 같다. 밉상스러운 타인의 행동이나 이해가 안 되는 주변 상황에 대해 우리는 솔직하지 않게 반응한다. 그 순간 자기감정을 억누르고 고민하다가 그게 스트레스로 이어지는 것이다. 우리는 왜 솔직하지 못한 걸까. 다른 사람과 잘 어울려서 살아야 한다는 사회적 통념 때문이지 않을까. 사회적인 통념을 따라가다 보니 나 자신의 감정은 외면하고 무시하게 된다. 그게 스트레스의 시작이다. 스트레스는 알다시피 만병의 근원이다. 스트레스가 심하면 입맛도 없고 소화도 안 된다. 때로 적당한 내숭이 필요할 때도 있다. 사람이 딱딱하고 곧게만 살 수는 없다. 그러나 내숭이 살아가는 기본 에너지가 되어서는 안 된다. 솔직함은 우리 인생의 필수영양소이고 내숭은 보조영양소다. 필수영양소를 버리고 보조영양소로만 세상을 살아갈 수는 없다.

요즘 방송가에도 솔직함이 대세다. 〈라디오 스타〉나 〈결혼 터는 남자〉들을 보면 감추는 게 없다. 연예인들이 솔직하면 대중은 더 연예인을 사랑하게 된다. 노래 잘하고 잘생긴 성시경도 사실 솔직함이 반전 매력인 것 같다.

현대사회를 주름잡는 메인 키워드는 '경쟁'이다. 우리는 경쟁을 위해 가끔 솔직함을 버릴 때가 있다. 그러나 그 행동이 세상 사람들에게 거짓으로 탄로 나게 되면 그 사람에 대한 신뢰도는 회복 불가능할 정도로 추락한다. 이런 상황에서는 아무리 솔직한 행동을 하더라도 사람들은 믿으려 하지 않는다. 솔직하다면 사건사고가 있을 수 없다. 무언가 감추려다 보니 자꾸 사고가 생기는 것이다. 거짓말은 바늘도둑을 소도둑으로 만든다. 거짓말은 언덕 위에서 굴리는 눈덩이와 같다. 한번 거짓말하면 계속하게 되는 게 사람인 것이다. 거짓말은 거짓말하기 위해 사는 것 같다. 어떤 사람은 자신의 인생 이야기를 부풀려 거짓말하다가 그 거짓말이 사실인 것처럼 착각하고 살기도 한다. 이것은 자신의 본질마저도 내버리는 경우다. 나는 요즘 젊은이들에게 솔직하게 살라고 얘기한다. 그게 더 당당하고 손해를 덜 본다고 얘기한다. 물론 솔직해서 손해를 눈앞에서 조금 볼 수 있다. 그러나 길게 보면 그게 자기를 더 강하게 만들고 주변에 자신을 지지하는 사람을 만드는 강력한 무기가 된다는 것을 우리 모두가 명심했으면 좋겠다.

> **TIP 구체적인 실천방안**
>
> 1. 똑바로 사는 것보다 솔직하게 살아라.
> 2. 있는 그대로를 경험하라.
> 3. 왜 솔직해지는 것이 두려울까.
> 4. 진짜 의도를 파악하라.
> 5. 피드백을 적극적으로 수용하라.
> 6. 원하는 것과 원하지 않는 것을 단호하게 말하라.
> 7. 타인에게 투사된 자신을 되돌아보라.
> 8. 처음 했던 말을 수정하라.
> 9. 차이를 견지하라.
> 10. 복합적인 감정을 공유하라.
> 11. 부자의 침묵을 포용하라.
>
> [출처] 『솔직함의 심리버튼』

내 인생을 위한 5대 필수영양소

"가정은 나의 대지이다.

나는 그곳에서 정신적인 영양을 섭취하고 있다."

– 펄 벅

    사람이 살아가는 데 필요한 필수영양소는 탄수화물, 단백질, 지방, 무기질, 비타민이다. 여기에 물까지 더해 6대 영양소라고 한다. 이 영양소는 사람이 살아가는 데 반드시 필요하다. 나는 이 영양소를 인생과 연결 지어 얘기하고 싶다. 우리 인생을 건강하게 살아가는 데 필요한 가치들을 필수영양소로 비유한다면 재밌지 않을까?

    먼저 탄수화물은 우리 삶을 능동적으로 살아가게 하는 긍정에너지다. 내 인생을 지탱하는 힘도 이 긍정에너지였다. 사람이 더 건강하게 살아가려면 탄수화물과 같은 긍정에너지가 꼭 필요하다. 탄수화물은 우리 몸에 면역력을 증가시키는 데 꼭 필요한 영양소다. 다이어트와 성인병의 주범이라고 탄수화물을 괄시하기도 하지만 필수영양소의 맨 앞자리에 있는 만큼 탄수화물을 잘 활용해야 외부의 균으로부터 내 몸을 굳건하게 지킬 수 있다. 우리는 살아가면서 참 많은 아픔과 괴로움을 겪는다. 그 인생의 길에서 긍정면역력이 없다면 쉽게 좌절하고 쉽게 포기하게 될 것이다. 그렇다면 단백질은 어떤 가치를 담고 있을까? 남자들의 몸을 단단하게 하는 이 단백질을 난 열정에 비유한다. 도전과 전진을 위해서는 근육의 폭발적인 힘이 필요하다. 단순히 면역세포로 수비하는 데만 급급한 인생은 생명력이 있는 인생이라 할 수 없다. 지방은 뭘까? 나는 용기라고 본다. 해야 할 일 앞에서 주저하지 않는 자세, 그리고 자신을 다 연소시켜 한계를 극복하는 힘이 지방이라는 영양소와 비슷해 보이는 것이다.

탄수화물, 지방, 단백질은 5대 영양소 중에서도 가장 앞줄에 있는 3대 영양소다. 그러나 이 3대 영양소도 비타민과 무기질이 없다면 제대로 힘을 쓸 수가 없다. 비타민과 무기질은 3대 영양소를 우리 몸 구석구석으로 배달해주는 택배기사와 같다. 비타민과 무기질이 부족하면 탄수화물은 에너지로 쓰이지 못하고 축적되어 비만을 초래한다. 즉 비타민 B군은 최종 산물인 포도당을 분해해 에너지를 만드는데 비타민 B군이 충분치 않으면 섭취한 음식이 에너지로 활용되지 못하고 신체에서 지방으로 전환되어 축적되므로 비만이 유발될 수 있는 것이다. 다이어트를 원하는 사람들이 절대로 소홀히 하면 안 되는 영양소가 바로 비타민이다.

비타민과 무기질은 미량영양소이지만 부족하면 외부 저항력이 떨어지며 피로를 느끼게 된다. 하지만 비타민이 충분하면 피부에도 밝고 화사한 봄의 빛을 줄 수 있다. 비타민과 무기질의 결핍은 체내에서 피로물질을 생성하므로 활력을 잃고 피로를 쌓이게 하는 것이다. 한편 비타민은 피부세포의 재생 및 콜라겐 합성을 도와 피부에 윤기와 광택을 줄 수 있다.

비타민과 무기질은 인생의 무엇에 비교할 수 있을까? 비타민은 웃음이고 무기질은 희망 아닐까? 잘 웃는 사람의 몸의 모든 기능은 원활하게 작동한다. 희망을 품고 있는 사람은 축적된 몸속의 에너지를 효율적으로 사용할 수 있다. 이 다섯 가지에 더해서 사람이 살아가는 데 가장 중요한 것이 물이다. 물이 없다면 5대 영양소는 아무 의미가 없다. 물은 말 그대로 생명력의 원천이다. 나는 이 물을 사랑이라고 본다. 사랑이 없으면 우리 사는 세상은 메마르고 새로운 생명은 자랄 수가 없다. 나를 사랑하고 남을 사랑하는 정신이 세상을 살맛나게 한다. 사랑은 너와 나 사이의 물결이고 흐름이다. 물은 우리 몸의 피가 되고 살이 된다. 사랑도 우리 인생의 피가 되고 살이 되는 요소다. 물은 우리 몸의 기적을 부른다. 사랑도 우리 인생의 기적을 부른다.

긍정(탄수화물), 열정(단백질), 용기(지방)이라는 3대 영양소에 웃음(비타민), 무기질(희망)이라는 보조영양소가 우리 몸과 우리 인생에 조화롭게 자리를 잡고 있어야 우리는 더 건강하고 행복한 인생을 살 수 있다. 마지막으로 사랑이라는 물결이 우리 몸을 휘감아 돌면 참 살 만한 인생이 완성되지 않을까.

TIP **구체적인 실천방안**

1. 필수영양소를 인생과 결부시켜 살자.
2. 영양소를 편식하지 말자. 인생도 편식하지 말자.
3. 인생에서 필수영양소 같은 인물이 아니어도 좋다.
   비타민과 무기질 같은 인생도 없어서는 안 된다.

내 몸에 좋아서, '감자' 합니다!

하루 한 개의 사과는 의사를 멀리하게 한다.

– 영국의 속담

　나는 본인 몸을 진정 사랑하려면 감자, 고구마, 사과와 친해지라
고 권한다. 나도 모르게 나쁜 음식들로부터 무방비 상태에 놓인 내
몸을 지키는 파수꾼이자 노폐물 청소부가 감자, 고구마, 사과다. 된
장찌개에 들어간 감자는 얼마나 구수하고 맛있으며 아침에 먹는 고
구마는 숙변에 얼마나 효과적인가. 사과는 소화도 빨라서 위장을 덜
힘들게 한다. 나는 이렇게 몸에 좋은 식품들을 세상에 알려 몸뿐 아
니라 마음까지도 건강하게 만들고 싶은 인생 영양전도사이다. 내 전
공을 어떻게 하면 사람들의 인생에 연결해서 더 씩씩하게 살 수 있
는 힘을 주고 싶은 게 내 소박한 꿈이고, 그 꿈을 담아서 이렇게 책
으로 내는 것이다.

우선 감자를 보자. 영화 ≪마션≫을 보면 식물학자인 마크 와트니가 감자를 직접 재배해 주식으로 삼는 장면이 나온다. 과연 죽음의 땅 화성에서 감자를 재배할 수 있을까? NASA(미국항공우주국)에서는 화성에서 식물 재배를 하기 위한 연구를 열심히 하고 있다. 미래에 그런 일이 가능할지 모르겠지만 감자가 인류에 중요한 작물이라는 건 영화에 나왔다는 사실만으로도(⌣) 충분히 입증된다. 인생을 아름다운 시로 노래하는 이해인 수녀님은 "담담하고 차분한 중용의 맛. 화가 날 때는 감자를 먹으면서 모난 마음을 달래야겠다"며 감자를 예찬했다.

미래학자들은 감자를 미래의 식량으로 부르며 인류의 주식 중 감자를 유일한 알칼리성 식품이자 건강을 지키는 장수식품으로 분류하고 있다. 즉, 오래 살려면 감자를 먹어야 한다는 것인데, 감자는 탄수화물 식품이지만 필수아미노산과 비타민 B군과 칼륨 외 무기질 함유량이 매우 높다. 또한 한국인의 염장식품 섭취로 인한 과량의 나트륨을 배설시키는 칼륨의 양도 높으며 부종으로 인한 물살을 막는 데도 효과적이다. 감자의 섬유소는 콜레스테롤의 배설에 도움이 되고 비타민 C도 약 20mg/100g이 함유되어 그 양이 사과의 3배인 영양 덩어리 식품이다.

감자가 참 좋은 식품인 건 분명한데 나는 조금은 못생기고 달콤함을 지녔음에도 불구하고 다이어트 식품으로 등장하는 고구마를 '외유내강'의 맛으로 칭하곤 한다. 감자와 고구마는 라이벌 중에 라이벌이다. 나는 다이어터들에겐 우선 고구마를 먹으라고 권하는데 몸짱 만들기 프로젝트의 고단백 식단에도 고구마가 포함된다. 그 이유는 고구마의 당지수가 55로 감자(85)의 약 65%밖에 되지 않기 때문이다. 겨울철 군고구마는 그 추억만큼이나 몸에 좋은 영향을 준다. 군고구마가 특히 더 단 것은 고구마에 열이 가해지면서 녹말이 당분으로 변하기 때문인데 굽는 온도를 60도 정도로 유지하면 가장 맛 좋은 군고구마를 먹을 수 있다. 고구마는 껍질째 먹는 게 좋다. 고구마의 껍질에는 전분을 분해하는 효소가 들어 있어 함께 먹으면 소화도 잘되고 가스 발생을 줄일 수 있다. 또 껍질에는 혈관을 튼튼히 하고 암과 노화를 억제하는 플라보노이드 성분이 풍부하다. 고구마에는 100g당 113mg의 베타카로틴이 함유되어 있다. 관련 연구에 따르면 혈중 베타카로틴 수치가 높을수록 폐암에 걸릴 위험이 줄어든다고 한다. 또한 고구마에는 100g당 25mg 정도의 비타민 C가 함유되어 있다. 고구마를 즐겨 먹으면 면역력이 높아지고, 감기에 잘 걸리지 않는다는 말도 비타민 C와 관련된 내용이라 볼 수 있다. 고구마의 효능 중에 가장 많이 알려진 것은 변비에 좋다는 것이다. 현대인들은 스트레스 때문에 배설이 원활치 않다. 이런 사람들에게 고구마를 강력히 권한다. 앞에서 언급하기도 했는데 사람은 잘 싸야 잘 산다. 잘 싸려면 고구마와 친해지는 게 좋다.

마지막으로, 사과에 관심을 가져보자. 만일 백설공주가 깨문 독사과가 목구멍에 걸리지 않고 위로 넘어갔다면 왕자가 공주를 구하는 동화 속 해피엔딩은 기대할 수 없었을 것이다. 왜냐하면 사과가 위에서 머무는 시간은 약 30분밖에 되지 않기 때문이다. 소화에 필요한 시간이 3시간 정도인 일반적인 음식보다 훨씬 짧은 시간이다. 이처럼 과일은 빠르게 소화되어 소화로 인한 지나친 에너지 소비를 막고 신체에 활력을 주는 비타민과 무기질을 제공하는 이점을 가지고 있다. 게다가 과일에 존재하는 수분은 체내에서 영양분을 운반하는 일을 하여 건강을 향상시키며 노폐물을 제거함으로써 몸을 깨끗하게 만들어준다.

흔히 '미인들이 먹는 과일'로 불리는 사과는 예쁜 색깔만큼 맛도 좋고 건강에도 좋은 과일이다. 영국 속담인 '하루 한 알의 사과는 의사를 멀리한다'와 '사과 나는 데 미인 난다'는 우리의 속담도 사과의 가치를 인정하고 있다. 사과는 수분 함량이 높고, 안토시아닌, 펙틴, 비타민 A, 비타민 C, 칼륨, 칼슘, 나트륨 등 몸에 좋은 영양소가 풍부하다. 사과의 신맛을 나게 하는 '구연산'은 피로물질을 분해하고 배출하는 효과가 뛰어나 원기회복을 촉진시키며, '칼륨'은 염분을 몸 밖으로 배출해 고혈압을 예방한다. 또한 사과는 콜레스테롤을 흡수하고 배출하는 작용을 해서 성인병 예방에도 도움을 주고, 사과 껍질에 함유된 항산화 물질 '안토시아닌'은 혈액 중의 활성 효소로부터 피해를 방지한다.

내일 인류가 멸망한다고 해도 왜 사과나무를 심으려 하는 걸까? 화성에는 왜 감자를 가지고 갈까? 아버지가 겨울철 종이봉투에 담아 온 군고구마는 또 왜 그렇게 맛있을까? 우리가 먹는 음식이 우리 인생을 바꾼다. 책도 고전이 좋듯이 음식도 예전부터 꾸준히 사랑받아 온 것들이 좋다. 감자, 고구마, 사과를 사랑하자. 우리 삶이 더 윤택해질 것이다.

TIP 구체적인 실천방안

1. 아침에 먹는 사과와 고구마가 몸에 좋다. 아침밥 먹기 힘들면 사과나 고구마라도 먹자.
2. 감자, 고구마, 사과는 현대인의 변비를 해결하는 해결사다.

Chapter

2

신맛 인생

내 인간관계는 참 시큼해

바로 옆에 붙어있는 이웃이 원수 사이다
서로 바라만 봐도 기분이 상해진다.

직장에 출근해도 나를 못살게 구는 상사와
나를 비웃는 동료들 때문에 스트레스다.

어차피 사람들 사이에서 살아가야 하는데
이런 관계를 역전시킬 수는 없을까

답은 나에게 있었다.
답은 내 마음에 있었다.
늘 비교하는 내 자세가 문제였고
흘려보내지 않고 끙끙거리는 마음가짐이 문제였다.
오해는 내가 푸는 게 아니라 시간이 해결해 주었다.
욕심을 비워야 행복한 관계가 찾아온다는 걸 알았다.

남에게 의지하기 보다
내 스스로 무언가를 바꾸려는
자발성을 키우는 게
인간관계는 물론
내 삶을 더 멋지게 변화시키는
가장 중요한 힌트였다.

속담을 뒤집으면 재밌는 아이디어가 나와

"당신의 실행력을 옛말이 막고 있다면, 과감히 조상님의 말 따위는 잊어라.

당신이 살아가는 세상은 조상님이 열 번 죽었다 깨어난다 해도

상상할 수 없던 신세계다."

– 우종민

속담이나 경구들은 몇백 년을 내려온 삶의 지혜다. 옛 선조들이 몸소 체험해서 터득한 지혜를 짧은 문장으로 정리해 놓은 것이 속담이다. 사실 이런 속담들만 잘 활용해도 인생살이의 방향이 어느 정도 잡힐 수 있다. 어떤 속담 중에서 내 고민을 한 방에 해결해주는 속담들도 발견하게 된다. 옛날 속담인데 어찌 이렇게 지금의 상황까지 꿰뚫고 있는지 놀랄 때도 있다. 하지만 대다수의 속담 중에는 현재 우리 삶과 동떨어진 것들도 많다. 아니 속담을 차라리 거꾸로 뒤집으면 우리 시대의 삶의 지혜가 되는 경우가 허다하다. 나는 이 속

담을 뒤집는 재미가 참 좋다. 속담을 뒤집는 게 마치 잘못된 상식을 뒤집는 것 같아 통쾌하기까지 하다.

속담을 뒤집으면 새로운 아이디어가 나온다

나도 가끔 신문에 칼럼을 쓸 때 속담을 뒤집곤 한다. 예를 들어 '아는 길도 물어가라'라는 속담은 '아는 길은 그냥 가라'로 바꾼다. 내비게이션이 넘치는 세상에 신중한 척하지 말라는 얘기다. '백지장도 맞들면 낫다'라는 속담도 안 맞는 경우가 있다. 함께 단합해서 뭔가를 만들어갈 때는 그 속담이 먹혔겠지만, 요즘처럼 1인 기업과 프리랜서가 많아진 시대에는 백지장 잘못 맞들다 찢어지기만 한다. 차라리 혼자 하는 게 더 속 편한 일이 많은 세상이다. '친구 따라 강남 간다'도 틀렸다. 친구가 전원주택 투자했다고 아무 생각 없이 따라 할 텐가. 친구가 같이하자고 강력히 권해도 자신의 처지를 꼼꼼히 따져보고 결정해야 한다. 함부로 따라갔다가 친구도 잃고 돈도 잃을 수 있다.

'싼 게 비지떡'이라는 말도 뒤집으면 새로운 틈새가 발견된다. 결국, 돈값을 하는 건 맞지만 가끔 보면 싼 물건 중에 괜찮은 보물을 발견할 때도 있다. 그런 보물을 잘 발견하는 사람이 실속파다. 세일을 잘 활용하고, 창고개방에 발품 팔고, 길거리표를 눈여겨보는 사람 중에는 오히려 싼값에 명품 이상의 제품 가치를 발견하는 사람도 꽤 많다. 나는 요즘 인문학에 빠져들면서 이 속담을 뒤집고 있다. 난 배고픈 소크라테스가 아니라 배부른 소크라테스가 될 거라고. 왜 철학하는 사람이 배고파야 하는가. 철학하고 인문학을 하면서도 얼마든지 돈 잘 벌 수 있다는 걸 충분히 보여줄 수 있는 세상이다.

　나는 제자들에게 이런 말을 한다. "식품영양학을 기반으로 한 건강의 대가가 되어라. 100세 시대가 되었고 모두가 건강하게 살기 위하여 영양정보가 필요하다. 너희가 해야 하는 일은 아주 많고 그 일을 통하여 직업뿐 아니라 일상의 봉사를 하며 살 수 있다. 우리가 인류의 건강을 책임지는 사람이 되어서 좋은 일을 하면 분명 천당에도 갈 수 있지 않을까? ㅎㅎㅎ 이 얼마나 감사하고 행복한 일이냐?"

　세상은 늘 그렇게 역전에 역전이 거듭된다. 그렇기에 아주 오래된 속담과 경구에 매달리다가는 그 역전의 트렌드에서 뒤처질 가능성이 크다. 남의 떡이 더 커 보인다는 말도 있다. 이 말도 정작 남의 떡 크기를 재보지도 않고 지레짐작해서 자기를 축소하는 말이다. 일부러라도 자기를 왜소화시키는 속담은 폐기하는 게 좋다. 칭찬은 고래도 춤추게 한다는 말도 상황에 따라 다르다. 가식적이고 진정성이 없는 칭찬은 상대를 기분 나쁘게 한다. 마음에도 없이 함부로 칭찬했다가 뺨 맞을 수도 있는 것이다.

속담 뒤집기는 블루오션으로 가는 지름길

　'젊어 고생은 사서 하라'는 말이 있다. TV의 ≪다큐멘터리 성공시대≫ 같은 프로그램에서 그런 속담을 잘 설명한다. 하지만 젊어서 고생하면 골병만 생기는 게 정답이다. 젊어서는 보고 듣고 읽을 수 있는 것들을 최대한 많이 경험해야 한다. 일중독에 파묻혀 살면 나이 들어 인생을 즐기려 해도 습관이 안 되어 오히려 우울증에 빠지는 경우가 많다. 돌다리도 두드려 보고 건넌다는 말이 있다. 요즘은 트렌드가 순식간에 바뀌기 때문에 돌다리 두드리며 앉아 있다가 타이밍만 놓칠 뿐이다. 일단 시행착오를 겪으면서 터득한 지혜가 당신을 더 뻗어 가게 할 수 있다. 남들이 속담과 상식에 따라 살 때 그 틀을 살짝 뒤집으면 나 혼자 신나게 놀 수 있는 블루오션이 열리게 된다. 등잔 밑이 어둡다는 말도 뒤집으면 등잔 밑에 오히려 밝은 구석이 발견될 수 있다고 생각할 수 있다. 내 조직 속에 대단한 인재가 숨어 있었는데 이를 발견하지 못하고 엉뚱한 곳에서 욕심을 낸다는 얘기다.

한 때 '아침형 인간' 열풍이 분 적이 있었다. 난 그럴 때도 여전히 저녁형 인간이었다. 밤에 하는 일이 많았다. 낮에 학생상담하고 강의하고 학교 일을 하다 보니 나는 혼자서 해야 하는 일은 전부 사람들이 잠든 저녁에 한다. 그때가 가장 집중이 잘되고 효율적이고 능력이 올라가는 시간이기 때문이다. 본인에게 좋은 타이밍에 일하면 되지 누구나 다 일률적으로 아침형 인간이 될 필요는 없는 것이다. 사람들이 우르르 몰려가는 곳으로 따라가면 안 된다. 그렇게 따라가다가 내 스타일과 내 능력도 잃게 될지 모른다. 박수칠 때 떠나라는 말도 반대다. 박수칠 때는 최대한 그곳에 머물러 있어야 한다. 지금 박수가 나온다는 건 나의 절정기라는 얘기다. 그 절정을 최대한 즐기는 게 좋다. 다만 박수 소리가 작아지는 순간이 있을 것이다. 그런 순간은 감각적으로 포착된다. 그 순간에 슬그머니 무대에서 내려오면 된다. 그리고 그 순간에 다른 길을 떠나면 된다.

　속담과 경구는 세상에서 상식으로 인정받는다. 하지만 요즘 같은 세상은 상식이 통하지 않는 세상이다. 그러다 보니 속담을 뒤집으면 상식이 되는 경우가 많다. 상식도 유통기한이 있다. 속담도 마찬가지다. 유통기한이 지난 속담을 움켜쥐고 있지 말자. 차라리 그 속담을 뒤집어 새로운 아이디어를 만들자.

TIP　구체적인 실천방안

1. 속담을 다시 읽으며 요즘 트렌드에 맞게 약간만 비틀어라. 그럼 새로운 기회가 생긴다.
2. 세상의 상식적 트렌드도 그 문장을 뒤집어라. 예를 들어 '고객은 왕'이라는 말. 왕 절대 아니다.
3. 경영의 명언도 가끔 뒤집을 필요가 있다. 초우량 기업이 초불량 기업일 수 있는 것이다.
4. 세 살 버릇도 네 살 되면 쓸모없어진다. 순식간에 바뀌는 트렌드에 속담도 바꿔라.

왜 의무적으로 밥을 먹니

"동물들은 배가 고플 때만 식사를 하는데
유독 사람들만 식욕과 관계없이 식사시간이 되었다고 식사를 한다."

– 송명근 (건국대학교 의학전문대학원 교수)

    왜 우리는 점심시간만 되면 꼭 밥을 먹어야 할까? 배고프지도 않
은데 남들 먹는다고 따라 먹어야 하는 이유는 뭘까? 이 질문에 답하
려면 일단 식욕이라는 녀석의 실체를 알아야 한다. 식욕은 시상하부
의 만복중추와 섭식중추에 의하여 조절된다. 배가 고프면 섭식중추
의 명령에 의하여 음식을 섭취하다가 배가 부르니까 더 이상 먹지 말
라고 만복중추가 명령을 하면 그만 먹게 된다. 누구나 이런 두 개의
중추기능에 의하여 완벽하게 식욕이 컨트롤되는데도 불구하고 비만
이 될 정도로 먹는 일은 왜 일어나는 것일까? 이는 여러 유전적 문제

와 내분비의 문제도 있겠지만 가장 중요한 것은 과거의 습관과 심리적 문제에서 발생한다. 지금껏 과식했던 사람의 경우에는 이미 많은 음식량에 습관이 되어버린 만복중추가 그만 먹으라는 신호를 보내지 않는다. 쉽게 말해 뇌와 위가 따로 노는 현상이 초래되는 것이다.

식욕이 없는데 왜 무리해서 먹을까

주변에서 건강을 챙기는 사람들 중에 단식하는 사람을 종종 본다. 단식의 장점은 몸속의 묵은 노폐물을 한 번에 빼준다는 점이다. 단식을 몸속 대청소의 기회로 삼는 것이다. 나도 단식을 해 본 적이 있다. 다이어트를 위해서 단식원이라는 곳에 들어갔었다. 뇌와 위를 다시 한 호흡으로 움직일 수 있게 하기 위해 단식이 필요했다. 내 몸을 리셋하려는 시도가 단식이었다. 단식은 쉽지 않다. 그러나 밥 먹는 습관을 고치는 건 그렇게 어렵지 않을 것이다.

우리는 특별히 배가 고프지 않아도 의무적으로 밥을 먹는다. 12시만 되면 배가 고플 것이라고 아예 단정하고 식당으로 직행한다. 이건 분명히 잘못된 습관이다. 배가 고프지 않은데도 밥을 먹으면 뭔가 속이 더부룩하고 어떤 날은 소화가 안 되어 계속 트림을 할 것이다. 이게 바로 몸속에서 나에게 보내는 신호다.

직장인들이 모여 있는 지역에 가면 12시쯤 사람들이 몰려나온다. 정해진 점심시간이기에 이들은 그 시간에 밥을 꼭 먹어야 한다. 배가 고프든 그렇지 않든 상관없이 뱃속 시계는 대접받지 못한다. 빨리 밥을 먹고 다시 일을 해야 하기에 남들 먹을 때 같이 몰려 나와서 먹어줘야 한다. 가뜩이나 업무 스트레스도 장난이 아닌 직장인들에게 이런 의무적인 식사는 위장장애를 불러일으키기 쉬울 것이다. 근데 더 한 것은 이들 직장인이 퇴근 시간에는 스트레스를 푼다고 술과 기름진 안주에 몸을 더 혹사한다는 것이다. 아무리 수십억을 벌면 뭐하는가. 내 몸 망가지면 아무 소용이 없는 걸. 의료진들도 식욕에 상관없이 의무적으로 밥을 먹으면 우리 몸에 피하지방과 콜레스테롤이 늘어간다고 한다. 당뇨, 지방간, 고지혈증... 이런 현대인들의 병은 뱃속 시계를 무시해서 발생한다. 배가 고프지도 않은데 밥을 먹는다는 건 과식을 의미한다. 과식은 만병을 초래한다.

건강을 지킬 수 있는 습관을 만드는 것이 중요하므로 규칙적인 식사로 뱃속 시계를 맞출 필요는 있다. 그러나 가끔 나는 배가 고프면 아침 11시가 되어도 점심을 먹고 배가 안 고프면 오후 2시가 되어도 점심을 안 먹는다. 일요일 늦잠을 자고 일어나니 11시인데 아침을 꼭 챙겨 먹을 필요가 없다. 그럴 때는 철저히 내 몸이 보내주는 신호에 따라 식생활을 하자. 이 뱃속 시계를 따라 하면 몸도 가벼워지고 위장도 편해짐을 느낀다. 배에 부담을 주지 않는 식사는 분명 건강으로 가는 첫걸음이다.

그동안 많이 먹었으니 이제는 소식해야지

"저영양이 동물의 수명을 연장하고 종양 발생을 억제한다." 1935년 미국의 매키이 박사가 발표한 이론이다. 이미 오래전에 똑똑한 사람들은 과식의 위험을 경고했는데 우리는 그저 본능적인 식욕만 존중하면서 과식의 나쁜 습관에서 헤어나지 못했다. 이탈리아의 귀족인 코르나로는 젊을 때 미식과 포식을 일삼은 사람이었다. 주변에서 그의 식습관을 보고 40세도 못 살 거라고 얘기했다. 그러나 그는 40세를 넘기면서 소식으로 돌아섰고 결국 104세까지 건강하게 살았다. 정답은 뻔하다. 소식이 건강 비결이라는 거. 우리는 잘살게 되면서 너무 많이 먹는다. 햄버거, 피자, 라면 같은 인스턴트식품은 물론이고 고기와 술 등으로 피가 잘 안 통할 정도로 기름기를 몸속에 채워 넣는다. 차는 기름으로 움직이지만 우리 몸은 그렇지 않다. 우리 몸에 기름이 쌓이기 시작하면 피도 안 돌고 머리도 안 돌고, 급기야는 염증 물질이 늘어나고 몸에 나쁜 기름이 쌓여 심혈관계 질환뿐 아니라 뇌경색까지도 유발될 수 있다.

나이 40이 넘으면 대부분의 사람이 건강에 관심을 갖게 되고 주변의 건강정보에 귀를 기울이게 된다. 그 정보들의 공통점은 소식이다. 나이가 들면 기초대사량이 낮아지면서 예전과 같은 양을 먹는데도 영양으로 안 가고 살로 간다. 대사능력이 떨어지므로 좀 모자란 듯 먹는 것이 건강에 좋다. 장수한 어떤 사람은 그 비결을 이렇게 말한다. "늘 느긋하게 일을 열심히 하며, 색을 너무 밝히지 말고, 조금만 먹으며, 마음을 넓게 쓰라." 참 좋은 말이다. 이렇게 느긋하게 장수하며 살기 위한 첫걸음이 소식이다. 아니 세 끼를 꼭 먹어야 한다는 강박관념에서 벗어나는 게 중요하다. 일단 거기서부터 시작하자. 나와 당신의 장수를 위한 첫걸음. 무조건 세 끼보다 자신의 바이오리듬에 맞는 균형 있는 식사가 중요하다.

> **TIP** **구체적인 실천방안**
>
> 1. 필요 없는 한 끼 정도는 굶자. 내 몸에 영양이 되는 진짜 식사가 더 중요하다.
> 2. 위장도 쉬는 시간이 필요하다. 가끔은 해독도 필요하고 그래서 절식도 해볼 필요가 있다.
> 3. 뱃속이 보내는 신호를 잘 지키자.

잘 나가는 사람을 베껴라

"로마인은 좋다 싶으면 그것이 적의 것이라 해도

거부하기보다는 모방하는 쪽을 선택했다."

– 시오노 나나미 (일본 작가)

　세상에 처음부터 위대한 인물로 태어난 사람은 단 한 사람도 없
다. 맨땅에서 천재는 절대 안 나오는 법. 비범하고 특출 난 사람들은
모두 자기보다 잘난 사람들을 부러워하고 따라 하다 보니 자기도 모
르게 비범해졌을 것이다. 평범한 자기 인생에서 벗어나고 싶다면 일
단 자기 입맛에 맞는 비범한 사람을 찾는 게 순서다. 그리고 그 사람
의 모든 것을 따라 해보라. 아주 멋진 몸매의 연예인을 보면 그 사람
의 일상과 식단을 따라 해라. 좋은 글이 있으면 필사하고 좋은 그림
이 있으면 베껴 그려보라. 그렇게 한 1년 정도 집중해서 자기가 닮고
싶은 것을 따라 하다 보면 그들의 특별한 유전자가 내 몸속에서도

자라게 된다.

하늘 아래 새것은 없다

공자가 말하기를 우리는 세 가지 길에 의해 성지에 도달할 수 있다고 했다. 첫 번째는 경험의 길인데 가장 고통스럽고 어려운 길이다. 두 번째는 사색의 길인데 이건 가장 높은 길이다. 마지막은 모방의 길인데 이게 가장 쉽다. 일단은 가장 쉬운 모방의 길부터 걸어가 보자. 모방하다가 사색을 더하고 또 자신의 경험을 더해 창조의 세계로 가는 것이다.

나는 요리도 따라 하면 는다고 본다. 레시피만 가지고 똑같은 맛이 안 나올 때는 계속 반복해서 하면 그 맛이 나온다. 한 번에 따라 해서 똑같은 결과를 내는 자는 천재다. 여러 번 반복해서 따라 하다 보면 원래의 맛을 넘어 보다 창조적인 맛을 낼 수 있다. 솔로몬은 하늘 아래 새것은 없다고 했다. 새것이라고 하는 것도 다 옛것으로부터 변용될 것일 뿐이다. 피카소도 처음부터 피카소는 아니었다. 고흐도 밀레의 그림을 베껴 그리면서 자신만의 그림을 그리게 되었다. 난 한때 좋은 글을 쓰고 싶어서 책 속의 좋은 글을 필사한 적이 있다. 잘나가는 소설가들도 남의 글을 필사하면서 소설 쓰는 법을 익혔다고 한다. 어떤 작가는 필사하면서 황홀경에 빠지기도 했단다. 조정래 선생님이 아들에게 『태백산맥』을 필사하라고 했다는 얘기를 들은 적이 있다. 베껴 쓰면서 자식이 아버지의 노고도 알게 되고 글

솜씨도 늘게 하는 일석이조를 노린 것이다.

고등학교 때 『인간시장』을 읽고 난 후로 나는 존경했던 김홍신 선생님을 뵙게 되었다. 내가 간식으로 먹는 건강발효 음료를 만들겠다고 결정하고 출시한 제품이 〈채움365〉인데 이름 디자인을 위해 잘된 글씨를 몇 번 따라 써 보았으나 만족하지 않았다. 이때 김홍신 선생님께서 사람을 위한 음료이니 사람의 형상을 입히셨다면서 '채움'이라는 감동적인 글씨를 써 주셨고 감사히 받게 되었다. 그냥 좋은 사람, 좋은 것들을 따라가다 보면 어느 순간 모든 문제가 해결되고, 그것이 행복을 주기도 한다. 결과가 좋지 않아도 베껴 쓰는 행위에서 치유되는 순간을 경험하기도 한다. 물론 불법적인 행동을 해서는 안 되는 거지만 다른 잡생각은 떠나가고 오직 현재에 집중하는 순간이 느껴지는 것이다. 시인 안도현 선생님도 좋은 시를 쓰려면 많이 베껴 쓰라고 얘기했다. 안도현 선생님은 백석의 시를 대학노트에 베껴 쓰면서 자신만의 시 창작의 길을 찾아갔다고 했다.

멘토나 롤모델을 정하고 그들을 따라 하고 베껴라

스무 살, 듣기만 해도 가슴 떨리는 시절이다. 대학에 갓 입학한 후에 특권처럼 꽤 유명한 강의를 듣기 위해 줄을 서서 수강 신청을 했던 기억이 있다. 그런 명강의 중 하나가 김형석 교수님의 수업이었는데, TV 화면에서 2015년 현재 96세인 교수님을 30년 만에 다시 본 것이다. 그리고 교수님의 장수 비결에 대한 말씀을 들은 나는 눈에 눈물이 고였다. 건강하게 오래 살 수 있는 이유가, 운동과 공부와 성장, 소소한 행복 그리고 사랑이라는 키워드와 함께했기 때문이라는 거였다.

사람은 누구나 자기가 닮고 싶은 인물이 있다. 그 인물을 그냥 멍하니 바라만 보지 말고 그들의 잘난 모습들 하나하나 따라 해야 한다. 나도 멋지게 강의하는 교수님을 보면서 저분처럼 학생에게 감동을 주는 교수가 되어야겠다고 마음먹은 적이 있다. 그분들의 말투와 그분들의 강의방식과 심지어 그분들의 몸짓까지 따라 하고 싶은 존경하는 스승이 한두 분 계신다. 지금은 나만의 강의방식이 자리 잡혔지만 이 스타일도 오로지 나만의 것은 아니라고 생각한다. 닮고 싶은 누군가의 유전자가 내 안에 스며들어 왔을 것이다. 신문에 칼럼을 쓰고 연구 논문을 쓰는 내 글쓰기도 잘된 글을 따라 하다 보니 늘게 되었다. 없는 창의력을 고집하여 혼자서 잘난 척하다보면 그나마 있던 창의감도 사라질 수 있다. 세상에 뛰어난 몇 명이 아니라면 진짜 창의는 연습에서 오는 것이다. 꿈이 연습으로 이루어질 수 있듯이. 나는 요즘 나를 넘어서는 누군가의 몸짓을 본다. 학교에서 방송에서 식품영양학을 이야기하는 순간에도 나를 따라 하며 나를 뛰어넘어서는 제자가 나올 것이라는 기대를 한다. 그래서 그들을 만나며 열강을 하는 그 시간이 행복하다. 나는 본인이 좋아하는 멘토를 따라 하다 보면 그를 넘어서는 창의와 창조가 나올 거라고 믿는다.

되고 싶고 하고 싶은 게 있으면 멘토를 따라가다 보면 자기의 것을 만들 수 있다. 가수가 되고 싶다면 자기만의 롤모델을 정해서 춤과 노래와 몸짓을 다 따라 해야 한다. 내가 닮고 싶은 사람에 대한 집착이 그의 모든 것을 흡수하게 하고 결국에는 나를 더 나은 모습으로 응용 발전하게 한다. 인생의 즐거운 변화를 원한다면 오늘부터 멘토나 롤모델을 정하고 그들을 따라 하고 베껴라. 그러다 보면 달라진 자신과 숨어 있던 창의성을 발견하게 될 것이다.

TIP 구체적인 실천방안

1. 작가 한 사람, 화가 한 사람을 정해 놓고 그의 모든 것을 필사하거나 모사해보자.
2. 그림을 베껴 그릴 때도 붓을 바꾸거나 볼펜으로 그려보라. 도구를 바꿔서 베끼면 창조가 된다.
3. 인생에 꼭 닮고 싶은 멘토 한 사람을 정하라. 그리고 그 멘토에게서 자기의 독특함을 찾아 발전시켜라.

오래된 것이 주는 아름다움

"재활용은 오래된 물건의 가치를 재발견하는 것이기도 하다. 할아버지가 아끼시던
곰방대, 어머니의 애장품 1호였던 화장대는 누대를 이어가도 좋은 골동품이다.
그 자체로서 인생의 향기가 묻어난다. 오래된 것은 존재만으로도 아름다운 법이다."

– 박원순 (서울시장)

오래된 것들의 구수함, 오래된 균들의 유익함

나는 옛 직장과 옛 사람에 대한 그리움이 있다. 오래된 사람과의
시간과 정이 내겐 소중한 거라고 생각한다. 문득 첫사랑은 지금 어
떻게 살고 있는지 생뚱맞게 궁금할 때도 있고 첫 직장이었던 서일대
학교 교수님들을 만나는 그 시간은 또 얼마나 행복한지. 난 휴대폰
도 오래 쓴다. 요즘 아이들처럼 1,2년 안에 새 휴대폰으로 바꾸는 유
행을 따라갈 마음이 조금도 없다. 사람도 헌 사람, 아니 옛 사람이

좋고, 음식도 오래 삭힌 발효음식들이 좋다. 아프지 않고 오래 사는 것이 꿈이라지만 나는 멋있게 늙는 게 더 자연스럽고 좋아 보인다. 더 젊게 보이려고 애쓰는 몸부림은 자연에 맞서보겠다는 태도 아닌가. ≪섹스 앤 더 시티≫라는 영화에는, 꽤 당당하게 살아가는 사만다라는 여주인공이 결국 늙고 병드는 것이 두려워서 주기적으로 여성호르몬 약을 투여하는 내용이 나온다. 그녀는 주사를 맞지 않으면 수염이 자랄 것 같다며 노화의 증상을 우습게 연기했지만, 그저 웃을 수만은 없는 장면이었다. 우리 모두가 아프지 않고 젊게 살고 싶다면 '사만다의 호르몬 주사제' 대신 한국인의 자랑인 발효식품을 사랑하는 식탁을 챙겨보자. 오래된 것, 숙성된 것, 헌것들을 먹으면 나이 들어가는 나 자신이 더 멋있게 변할 수 있다.

인간의 건강을 지켜주고 생명을 연장시켜주는 그 무지막지한 힘은 무엇일까? 『총, 균, 쇠』의 저자 재레드 다이아몬드는 무기, 병균, 금속이 문명의 차이를 가져왔다고 주장했는데, 그중 하나가 식품 속에 함유된 유익균이다. 오래된 것의 유익함을 얘기할 때는 건축가는 집을 얘기할 것이고 책을 좋아하는 사람은 헌책을 얘기할 것이다. 식품영양학을 전공하는 나는 당연히 음식을 얘기한다. 오래된 것의 대단함을 예로 들면서 예전에 나는 석굴암에 감탄한 적이 있다. 보수 전까지, 완벽한 자연 통풍의 원리를 이용해 만들어진 석굴암이 천년의 세월 동안 조금도 문제가 없었다는 보도를 본 적이 있다. 어떠한 현대과학과 기계의 도움 같은 것도 없이 그 시대에 돔 방식의 벽을 1/1,000의 오차도 없이 건설했다는 것이 경이롭기만 했다.

된장과 김치, 한국사람 몸을 건강하게 하는 오래된 것들

다시 음식 전공으로 돌아와 우리 곁에 오래된 음식으로 어떤 것들이 있을까? 한국 사람이라면 된장과 김치에서 벗어날 수가 없다. 먼저 된장찌개의 구수함을 돌아보자. 된장찌개가 얼마나 좋은지 요즘 가수인 다이나믹 듀오도 된장찌개를 노래한다. 〈어머니의 된장국〉이라는 노래 가사 한 구절을 보자. "냉장고엔 인스턴트 식품 / 혀 끝에 남은 조미료 맛이 너무 지겨워 / 그가 간절하게 생각나는 건 바로 어어어어어어 어머니의 된장국 / 담백하고 맛있는 그 음식이 그리워 그때 그 식탁으로 돌아가고픈 어어어어어어 어머니의 된장국 담백하고 맛있는 그 음식이 그리워 잠깐의 생각만으로도 배고픈~."

일단 된장은 청국장과 달리 발효 기간이 오래 걸리는 기간상의 단점이 있지만 몸에 유익한 다양한 미생물을 만들어낸다. 된장은 발효식품 가운데서도 항암효과가 탁월한 것으로 알려져 있다. 대한암협회의 암 예방 수칙 중에 "된장국을 매일 먹어라"는 항목이 들어 있을 정도로 국내외적으로 그 효과는 널리 알려져 있다. 된장은 식욕을 돋우고 소화력도 뛰어난 식품이다. 소고기나 돼지고기를 섭취할 때 된장국과 함께 먹으면 속이 편해지는 것을 느낄 수 있다. 따라서 민간용법으로는 체했을 때 된장을 묽게 풀어 끓인 국으로 체기를 달래는 방법도 전해지고 있다. 또한 된장 안의 풍부한 식이섬유는 대장에서 인체에 유익한 균을 잘 자라게 하는데 된장 100g에는 약 1천억 마리의 유익균이 있다. 이들은 몸속의 독소를 제거하는 '강력한 청소부' 역할을 한다. 따라서 몸속의 노폐물을 배설시켜서 다이어트에도 도움이 되는 것이다.

된장만큼 한국인에게 오래된 음식이 김치다. 김치 역시 노라조라는 가수가 그 유익함을 노래했다. "시골에서 담 궈 온 깊은 손맛 우리 할머니 손길의 내공의 맛 / 겉 저린 상큼해서 쉰 김치는 아 쌀 해서 / 라면을 끓일 때는 역시 너야 찌개팔팔 끓일 때도 역시 너야 / 너 없이 난 못 살겠어 너 없이 난 허전해서 얍! / 너무 너무 김치가 좋아 아삭 아삭 김치가 좋아." 김치를 좋아하는 감정이 절절하다.

2001년 국제식품규격위원회의에서 국제식품으로 공인받은 김치를 2006년 미국의 저명한 건강잡지에서는 세계 5대 건강식품으로 선정했으며, 최근 ≪시카고 트리뷴≫도 김치 특집기사를 두 페이지에 걸쳐 소개할 정도로 김치는 세계에서 인정받았다. 우리의 김치에는 도대체 어떤 비밀이 숨겨져 있는 것일까? 김치는 한 가지 재료로 이루어진 단품 식품이 아니다. 김치를 알려면 거기에 들어가는 수많은 부재료를 살펴보아야 한다. 김치의 부재료들은 하나같이 질병을 방지하고 건강을 유지해 주는 뛰어난 영양소를 함유하고 있으며 우리의 관심인 다이어트에도 효과가 있는 성분으로 구성되어 있다. 김치는 젓갈을 포함해 다양한 재료들이 어우러져 오랜 시간 동안 숙성되고 발효되어야 참맛을 낼 수 있다.

오래된 것은 음식뿐 아니라 좋은 게 많다. 먹는 것만이 아니라 사람도 그렇다. 티베트나 인디언들은 오래된 사람들, 즉 나이 먹은 할

머니와 할아버지의 지혜를 최고로 여긴다. 나는 노래도 오래된 노래
가 좋을 때가 있다. 옛날 노래를 흥얼거리다 보면 그 노래를 타고 시
간 여행을 하는 느낌도 든다. 가구도 오래된 것이 비싸게 팔린다. 온
고지신이라는 말이 있다. 옛것을 익혀 새것을 받아들이는 그 정신이
지금 시대에 꼭 필요하다. 옛것과 헌것을 괄시하면 안 된다. 오래된
것들에는 새것들이 해낼 수 없는 엄청난 힘이 숨겨져 있음을 잊지
말자. 마치 된장과 김치처럼.

> **TIP** 구체적인 실천방안
>
> 1. 헌것에 관심을 가져라. 헌 집, 헌책, 헌 옷에서 보석을 발견할 수 있다.
> 2. 내가 가지고 있는 헌것을 나누자. 그 나눔이 재활용 순환법칙의 첫걸음
>   이다.
> 3. 중고매장을 자주 가자. 헌책방, 아름다운 가게 등 헌것 관련 매장들과
>   친해지자. 그게 생활의 실속이다.

일상은 구차하되 일탈은 화려하게

"일상 속에서 꿈꾸는 일탈은 영원한 숙제이다."

– 루이스, 〈베비트〉

2010년 10월 한국물리학회지에 재밌는 조사가 실렸다. 후불제 교통카드를 사용한 수도권 지하철 승객 274만 6,517명의 하루를 분석했더니, 집에 돌아가는 시간은 오후 6시 이후이며 대개 7~8시에 퇴근한다는 것이다. 수도권에 사는 직장인과 학생 중 45%가 도심형 개미라는 얘기다. 정말 지루하게 기계처럼 돌고 돈다. 이 조사를 통해 이들이 어디서 노는지도 대충 알 수 있었다. 강남역, 신촌역, 홍대입구역, 혜화역이 그 대부분이다. 다들 너무나 뻔한 곳에서 알 만하게들 노신다. 100만 명이 넘는 사람들이 재미없는 쳇바퀴 인생을 살고 있는 거다. 이런 쳇바퀴 라이프는 사실 평범하기 그지없는 소시민들에게 많다. 벗어나고 싶지만 벗어날 수 없는 현실의 쳇바퀴에 갇혀 사는 인생들 말이다.

방법은 자신의 취향 속에 있다

오늘은 어제랑 별반 다를 게 없고 내일도 오늘하고 별 차이가 없다. 왜 이렇게 예측 가능한 기계적 인생을 사는가? 누구를 위해 이런 인생을 감수하는가? 좀 즐겁게 인생을 살려면 이 쳇바퀴에서 수시로 탈출해야 한다. 말이 쉽지 어떻게 탈출하느냐고 묻는다. 방법은 자신의 취향 속에 있다. 자신이 좋아하는 것이 무엇인지를 찾다 보면 쳇바퀴에서 탈출할 기회와 욕구가 생긴다. 10년째 똑같은 차를 타고 출퇴근한다면 하루 이틀 정도는 다른 차종의 렌터카를 빌려 출근해 보는 것도 좋다. 일상의 큰 틀에 변화를 주지 않으면서도 일탈을 시도할 일은 너무나도 많다. 게으르고 안주하려는 게 문제다. 출근 시간을 조정하는 것도 작은 일탈이다. 한두 시간 앞당겨 출근하면 아무도 없는 사무실에서 기분도 상쾌하고 뭔가 준비할 여유도 생긴다. 매일 사 먹는 밥도 지겨울 때가 있다. 그렇다면 직장 동료들과 합의해서 일주일에 하루 정도는 도시락 데이를 만들어라. 서로 가져온 반찬을 나눠 먹는 것도 좋을 것이다. 일탈은 세상이 나를 바라보는 시선에서 탈출하는 것이다. 나에 대한 고정관념에서 잠시 자유로워지는 것이다. 잠시 세상의 시선에서 벗어날 줄도 알아야 인생을 조금 더 능동적이며 주도적으로 살 수 있지 않을까.

예측 가능한 인생을 살지 마라

퇴근 시간은 어떤가? 피곤하다면 어쩔 수 없지만 뭔가 꿍꿍이를 준비하는 게 좋다. 결혼했다면 배우자와의 색다른 데이트를 생각하고 미혼이라면 색다른 만남을 시도한다. '나는 네가 무슨 일을 하며 하루를 보냈는지 다 알고 있다.' 이렇게 남들이 예측 가능한 인생을 살면 안 된다. 일상은 구차하되 일탈은 화려하게 하라는 말이 있다. 하루하루 변함이 없는 구차한 일상에 생기를 주려면 작은 일탈이라도 준비하는 게 좋다. "매일 똑같이 굴러가는 하루, 지루해 난 하품이나 해 뭐 화끈한 일 뭐 신나는 일 없을까 우와우와우와 할 일이 쌓였을 때 훌쩍 여행을 아파트 옥상에서 번지점프를 신도림역 안에서 스트립쇼를~." 자우림의 〈일탈〉이라는 노래 첫 소절처럼 우리는 가끔 나른한 일상에서 벗어나고 싶을 때가 있는 법이다. 쳇바퀴 인생은 수동적인 인생이다. 누군가에 끌려가는 노예 같은 인생이다. 자기가 주인이 되는 인생을 살려면 수시로 일탈을 꿈꿔라. 그것이 당신의 행복지수를 높이는 가장 쉬운 방법이다.

일본인 마츠모토 유키오는 아예 공개적으로 직장인들에게 땡땡이를 권유하고 나선다. 그래서 책으로도 땡땡이를 전파하고 있다. 그는 땡땡이를 단순히 노는 것이 아니라 다음 일을 재충전하는 기회라고 얘기한다. 놀 줄 알아야 충전이 되고 잠시 시스템에서 벗어나야 아이디어도 생긴다. 마츠모토 유키오의 땡땡이 잘 치는 방법을 몇 가지 정리하면 이렇다.

　1. 우선 남에게 일을 맡길 줄 알아야 한다. 모든 일을 넘길 수는 없지만 '나만이 할 수 있는 일'이라는 생각은 버려야 한다.

　2. 일을 잘하고 있는 척을 해서라도 주위에서 쉬어도 괜찮다고 하게끔 이미지를 부각해야 한다.

　3. 동료나 상사가 있을 때는 가급적 열심히 일하는 모습을 보이고, 없을 때는 땡땡이를 과감히 쳐라.

　4. 주위 관계가 좋아야 한다. 상대방을 인정하고 칭찬해서 내 편을 만들어야 업무 부탁도 하고 땡땡이치기가 수월해진다.

　5. 업무는 효율이 높은 시간인 오전에 집중해서 하고 가급적 오후에 땡땡이를 쳐라.

　6. 업무 집중은 15분 단위로 하는 것이 효율적이다. 집중력의 한계는 보통 15분이다.

　7. 땡땡이 스케줄도 미리 세워라. 금요일 오후나 주위에 자리가 많이 비는 시기를 정해서 계획을 세워라.

　8. 논리적인 판단으로 쉽게 결정하지 못해서 시간을 끌고 있을 때는 직관으로 빠른 결단을 내려라. 그래야 땡땡이 시간이 확보된다.

　9. 신문에 시간을 많이 투자하지 마라. 포인트를 좁혀서 훑어보는 수준이 적당하다. 20분 이상 투자는 좋지 않다.

　10. 일이 잘 안될 때는 그냥 뒀다가 마감에 임박해서 해라. 집중력이 많이 올라간다. 시험 때 벼락치기처럼.

　나는 벼락치기의 대가이기는 하지만 땡땡이는 익숙하지 않다. 버릴 것에 대한 결정은 확고하지만 버리기 전까지는 꽤 고지식하게 일하는 편이다. 혼자 하는 일이 아닐 경우에 주위 사람들의 판단에 맞추려고 같은 자리에서 효율적이지 못한 일에 매달리며 시간만 보낼 때도 많다. 그럴 때 땡땡이가 필요하다고 생각한다. 그래서 내가 할 수 없는 것들, 그러나 꼭 해보고 싶은 것들에 대해서 분류하는 판단에 3분 정도의 생각이 지극을 준다. 여기 있는 방법을 굳이 다 따라 할 필요는 없다. 그러나 한번 해볼 만한 것은 저질러 보자. 『인생사용 설명서』의 저자인 김홍신 선생님 강연을 들으면서 가장 인상적이었던 대목은 "저질러라"였다. 그분은 가만히 앉아 있지 말고 머뭇거리지 말고 무언가 저지르라고 했다. 저지르다 보면 어제와 다른 재밌는 인생이 만들어지지 않을까?

TIP **구체적인 실천방안**

1. 사고를 쳐라. 당신을 신나게 하고 세상을 신나게 할 사고를!
   예를 들면 멋진 렌터카 빌려 하루 으쓱하며 사는 것.
2. 본인에게 휴가를 줘라. 연차, 월차를 적극적으로 활용하여
   일상의 변화를 줘라.
3. 회사도 일주일에 하루 정도는 출근 시간을 10시 혹은 7시로 정하라.
   사장이면 시행하고 사원이면 건의하든지, 혼자 하라.

자네도 이젠 다 비우고 가게

"금을 얻기 위해서는 마음속에 가득 찬 은을 버려야 하고 다이아몬드를 얻기 위해서는 또 어렵게 얻은 그 금마저 버려야 한다... 버리면 얻는다. 그러나 버리면 얻는다는 것을 안다 해도 버리는 일은 그것이 무엇이든 쉬운 일이 아니다. 버리고 나서 오는 것이 아무것도 없을까 봐, 그 미지의 공허가 무서워서 우리는 하찮은 오늘에 집착하기도 한다."

– 공지영, 「수도원 기행」

초등학교 때 나는 반에서 평범한 학생이었다. 학교가 끝나면 고무줄놀이를 했고 고무줄을 끊으며 방해하는 남학생들을 쫓아가 한 대 쥐어박는 게 일상이었다. 저녁을 먹을 때쯤 집으로 돌아와 숙제하고, 또 수업이 끝나기를 기다리던... 그런데 나는 중학교 배치고사에서 전교 1등을 했다. 초등학교를 벗어나는 것이니 새로운 학교에는 1등으로 한번 들어가 보자고 한 달 동안 죽어라 공부를 했다. 설마 전교 1등을 할 거라고는 생각도 못 했고 반에서 1등만 하자고... 그때부터 나는 전교 1등이 되었고 3년 동안 우리 학교의 수재로 인정받았다.

시작은 그렇듯 중요했다. 그런데 3학년 때 나와 한 친구를 수석으로 만들기 위해 체력장 시험의 비리가 저질러졌다. 그 당시 절대평가가 아닌 체력장 상대평가에서 우리에게 만점을 주셨던 선생님들의 공정하지 못했던 그 절차를 알고 나는 많이 괴로웠다. 나 때문에 점수에서 밀려나가는 친구가 있었을 테니까. 체력장 시험 이후 갈등이 되어서 사춘기의 고민을 시작하다가 결국 나는 고교 입시에서 수석은커녕 7개나 틀렸고 학교의 기대를 완전히 저버렸다. 나는 마음을 비웠다. 그때부터 1등에 대한 부담을 버리고 평범하고 편하게 고교생활을 시작했다. 그러다가 고등학교 2학년 때 첫 담임을 맡으셨던 총각 선생님의 반장 선거 부정행위를 목격했다. 나는 그 부정을 받아들일 수 없었다. 그래서 친구들 몇 명과 함께 1년 동안 반항아가 되기도 했다. 물론 그때 선생님은 첫 담임을 맡았으니 본인이 예뻐했던 학생을 반장으로 임명하고 싶으셨을 게다. 지금은 그 순진했던 선생님의 마음을 웃으며 이해할 수 있는데, 그 당시 나와 몇 명의 우리 반 친구들은 정의로 똘똘 뭉친 투사로, 그리고 선생님께 고통을 줘야 한다며 우리의 성적을 떨어뜨리는 무모한 저항을 했다. 그 당시 교감선생님의 사과까지 받아냈던 우리는 영웅처럼 착각하며 행복해했다. 좀 잘못된 방식의 선생님이었지만 왜 그분을 괴롭히는 게 우리의 몫이라고 여겼는지, 왜 그런 일에 우리 자신을 희생시켰는지, 지금 생각하면 어이없고 웃음만 나온다.

그 이후로 내 성적은 추락에 추락을 거듭했다. 마음은 완전히 비워 작은 행복을 만끽했지만 성적은 고난의 길을 걸어갔다. 나는 뒤집어진 성적을 올리느라 고3 수험생 시절 1년을 바늘로 콕콕 찌르는 아픔도 겪었다. 하지만 그래도 후회하지 않았다. 비우면 다시 채우면 되고 무언가 꽉 차면 다시 버리면 그만이었다. 나를 비우고 채우는 과정이 내 인생을 더 재밌게 만들지 않았나 싶다. 지금도 고2 때 친구들을 만나면 우리의 대화 주제로 그때 용감무쌍했던 내 이야기를 한다. 땡땡이도 당당하게, 그리고 담임선생님의 회초리도 무섭지 않고 당당하게 맞대응했던 우리에겐 정의가 옳다는 꿋꿋함이 있었다. 그래서 성적 비우기와 내 모습 뒤집기와 그리고 미래를 위한 채우기가 가능했던 거 같다.

분명 우리는 생각대로 하고 싶은 대로 인생을 살 수는 없다. 늘 우등생으로 살던 인생이 어느 순간 갑자기 꼴찌로 추락하는 게 인생이다. 순탄하게 걸어간다고 생각하는 하루하루에 예기치 못한 좌절과 배반이 매복해 있다. 그것들에 발이 걸려 넘어질 수도 있다. 그러나 넘어지면 다시 툭툭 털고 일어나 걷는 게 인생이다. 나만 그런 게 아니라 누구나 다 넘어지고 일어나 걷는다. 그러니 나만 왜 이래 하며 좌절할 필요 없다. 내 인생에 있어 비움은 당당함을 만들었다. 그리고 채움은 새로운 도전의 기회를 주었다. 비운다는 건 내 마음의 상처를 보듬는 연고와 같았다. 채우는 건 새살이 돋게 하는 힘이었다. 젊은 시절 우리는 사랑도 하고 투쟁도 하고 오기도 부리고 그런다. 대학교 2학년 초에 나는 짝사랑이란 걸 했다. 나를 좋다고 하는 남

학생들을 쳐다보지 않고 오히려 나에게 관심이 없던 친구를 좋아했다. 근데 하필 그 친구는 나를 좋아한다고 고백했던 남자아이의 친구였다. 사람이 좋은 데 특별한 이유가 없었던 우리의 어린 시절, 그래도 의리로 살았던 나는 내게 고백했던 남학생의 마음을 아프게 할 수 없어서 짝사랑에 대한 내 마음을 완전히 비웠다. 물론 그것은 지금까지 내게 유일한 짝사랑이어서 비교적 생생한 기억으로 미소를 떠올리게 한다. 또 3학년 때 사귀었던 남자친구가 있었는데, 어느 날 그 친구의 엄마가 만남장소에 같이 나오셨다. 나더러 당신 아들의 공부에 방해되니 일주일 딱 한 번만 만나라고 하셨다. 아마 그 당시의 극성엄마였나 본데, 그 시대에 엄마의 마음이란 것을 이해할 수 없었던 나는 좀 어이가 없어서 열심히 공부나 하라며 그 친구와도 헤어졌다. 나는 비교적 꽤 쿨한 여자였다. 헤어짐도 비움도 그 당시에는 아프지만 사랑도 사람도 우리 인생에 다시 채워지는 게 아닐까? 산이 깊으면 계곡이 깊은 게 자연법칙이다. 실망을 줄이려면 기대를 낮추면 된다. 안 되는 일에 허망한 기대를 하면 아픔만 생긴다. 나는 우리 삶과 일에 대한 기대와, 사람에 대한 기대를 비워버리는 연습이 가끔 필요하다고 생각한다.

손숙과 신구, 두 분이 출연한 연극 〈3월의 눈〉에 이런 대사가 나온다.
"섭섭헐 것두 없구, 억울헐 것두 없어...
이젠 집을 비워 줄 때가 된 거야.
내주고 갈 때가 온 거지...

그러니 자네두 이젠 다 비우고 가게. 여기 있지 말구.

여긴 이제 아무것두 없어, 아무 것두..."

비움과 채움은 내 마음만의 문제가 아니다. 인간관계도 비움과 채움이 필요하다. 자꾸 기대고 싶고 기대하게 되는 사람이 있다. 나는 무언가 자꾸 주려고 하지만 그에게서 돌아오는 건 없다. 일방적이라고 느끼는 순간 왠지 손해 보는 느낌이 들고 실망이 커진다. 신호를 보내면 신호가 와야 하는데 그게 없다는 건 그리 기대할 게 없다는 거다. 그런 인간관계는 냉정하게 정리하는 게 좋다. 누군가를 비우면 새로운 사람이 채워진다. 그게 인생이다. 물론 나도 묵은 사람과 묵은 것을 누구보다 소중하게 생각하지만 비워야 할 것은 과감하게 버린다. 입지도 않는 묵은 옷으로 꽉 채워진 옷장은 정말 쓸모가 없다. 옷장도 일도 사람도 버려야 한다면 깨끗하게 비워야 한다. 친구 하나가 떠나면 새로운 친구가 온다. 그게 참 신기하다. 나는 그래서 묵은 것의 소중함과 함께 적절한 비움과 채움의 이 파도타기가 삶의 활기이고 이문세의 노래처럼 알 수 없는 인생이 아름답다고 생각한다.

 구체적인 실천방안

1. 사람에 대한 기대치를 100%에서 80%로 낮춰라. 낮추면 실망도 크지 않고 상처도 덜하다.
2. 안 되는 일, 안 되는 사람에 너무 집착하지 마라. 집착을 내려놓는 순간 오히려 해결될 때가 있다.
3. "이거 아니면 안 돼"라는 경직된 사고에서 조금은 자유로워지자. 자신을 부담의 늪에서 빠져나오게 하라.

민들레는 남 비교하며 피지 않는다

"오늘의 나와 내일의 나만을 비교하자.

나아감이란 내가 남보다 앞서가는 것이 아니고

현재의 내가 과거의 나보다 앞서가는 데 있는 거니까."

— 한비야

우린 어릴 때부터 참 많이 비교하면서 살았다. 아니 비교당하면서 살았다. 누구보다 키가 큰지 비교하고, 누구보다 공부 잘하는지 비교하고, 누구보다 좋은 대학 갔는지 비교하고, 누구보다 좋은 회사에 취직했는지 비교하고, 누구보다 좋은 차를 모는지 비교하고, 누구보다 좋은 집에 사는지 비교하고... 그렇게 비교하면서 자기를 잃어갔다. 비교하는 순간 갈등이 나오고 죄악이 나오고 욕심이 나오며 그것이 결국 우리를 좌절케 하고 병들게 한다. 비교는 건강하게 자기만의 인생을 살아가고자 하는 사람에게 최악의 질환이다.

실패하고 싶다면 다른 사람과 비교하며 살라

법정스님도 이렇게 말씀하신다. "자신의 존재를 있는 그대로 받아들이지 못하면 불행해진다. 남과 비교하지 않고 자기 자신의 삶에 충실할 때 그런 자기 자신과 함께 순수하게 존재할 수 있다. 진달래는 진달래답게 피면 되고, 민들레는 민들레답게 피면 된다. 이런 도리를 꽃에게 배우라." 맞다. 꽃이 서로를 질투한 걸 본 적이 없다. 아무리 못생긴 돼지도 잘생긴 돼지의 외모를 보고 비교하며 좌절하지 않는다. 식물과 동물은 본성대로 살아가기 위해 오로지 자기 존재를 긍정하고 거기에 머문다. 그런데 인간은 자꾸 옆을 돌아보고 비교하며 자신의 존재를 잃어버린다. 비교하는 순간 자기는 없어지고 남들의 허상만 생기는 법이다. 비교하는 순간 여유는 사라지고 남들의 뒤꽁무니만 허둥대며 쫓게 된다. 뻔히 잘살면서도 더 잘사는 사람과 비교하며 자신을 힘들게 하고, 남들이 갖지 못한 것을 참 많이도 가지고 있으면서 자꾸 부족하다며 물질의 노예와 돈의 노예가 되어간다. 사돈이 땅을 사면 왜 배 아파야 하는가. 그게 왜 상식이 되어야 하는가. 그냥 내 앞에 있는 것을 즐기고 지금 가지고 있는 것에 만족하면서 남과 비교하지 않고 오로지 자기만의 인생을 살 수는 없는가.

실패하고 싶다면 다른 사람과 비교하며 살라는 말이 있다. 옛말에도 '집에서 기르는 강아지도 옆집 개와 비교하면 풀이 죽어 식음을 전폐한다'고 했다. 하물며 개도 그럴진대 우리는 자식 교육하면서 수시로 남의 자식과 비교해서 아이들 기를 죽인다. 당신도, 당신 아이도 60억 분 1의 소중한 가치를 지닌 사람이다. 세계 어디에도 당신과 똑같은 사람은 없다. Only 1의 가치로 살아가야지 No.1의 가치에 끌려가면 안 된다. 비교의 결과에 끌려가는 순간 인생은 불행의 바이러스로 가득 찬다.

나는 민들레처럼 남과 비교하며 자라지 않았다

나는 가끔 무심하다고 욕을 먹고 또 가끔은 민들레 같다는 말도 듣는다. 나도 사실 이 비교에서 벗어나지 못했다. 내가 나서서 비교한 것이 아니라 비교당했을 거다. 사람들은 비교라는 선글라스를 끼고 나를 바라봤다. 그냥 있는 그대로 봐도 되는데 세상은 그렇지 않았다. 내게 여동생이 있는데, 동생은 신기하게도 1등만 했다. 고등학교 때까지 단 한 번도 1등을 뺏기지 않은 대단한 학생이었다. 얼굴도 나보다 훨씬 예뻤다. 물론 어른이 되니 내가 더 예쁘다고 하는 사람이 많아졌지만(ㅋㅋ)… 나는 그래서 어릴 때부터 남과 나를 비교하진 않는 강인함이 생겼을 수도 있다. 어차피 내가 반에서 1,2등을 해도 우리 집에서는 여동생이 1등이었고 그러니 나는 비교할 필요도 없는 상태로 살아가는 연습을 했던 거 같다. 그러니 남은 남, 나를 남과 절대 비교할 필요가 없다고 어릴 때부터 생각했고 어차피 내가 하는 것만큼 내가 만족했지 남의 칭찬이 내게는 큰 영향을 주지 않았다. 그래서 "나는 그냥 내 길을 간다. 어떤 결정을 해야 할 때도 남과 잘 상의하지 않는다. 내가 해야 한다고 생각하는 일에 노력하고 남의 말이나 평가에 신경을 별로 쓸 필요가 없다"는 방식으로 지냈다. 그런데 어른이 되어가면서 남들이 가끔 나를 비교 대상에 놓을 때가 많아졌고, 어른인 척하느라 어쩔 수 없이 타인을 의식할 수밖에 없었다. 그렇지만 솔직히 나는 나를 닮은 민들레처럼 혼자 당당히 피며 살아가고 싶다.

사람들은 비교하면서 자존감을 살리려고 하는 걸까? 사실 비교할수록 스스로가 못나 보이는 악순환이 나타날 가능성이 큰데... 어른이 되어 어쩔 수 없이 비교하고 비교당하고 살다가 어느 순간 이 비교라는 걸 내려놓으니 나 자신이 커지는 걸 느꼈다. 그전에는 내 보폭으로 걸어가야 할 인생을 자꾸 남의 보폭에 맞추려고 했다. 그러다 보니 내 인생이 사라졌다. 이건 아니지 싶어서 비교하는 끈을 과감히 놓아버렸다. 그리고 나만의 가치와 나만의 인생으로 다시 돌아왔다. 그렇게 돌아오니 내 일에 대한 즐거움과 집중력이 높아졌다. 비교를 버린 순간 내 인생은 기분 좋게 바뀌어 갔다. 남은 남이고 나는 나일 뿐이었다.

나는 명품 가방이 아직 없다. 어떤 친구는 나더러 좀 없어 보인다며 가방 한 개는 좋은 것을 들어야 한다고 하는데, 나는 개의치 않는다. 돈이 없어서가 아니고 별로 사고 싶은 마음이 없었다. 물론 누군가가 공짜로 주면 당연히 감사히 들고 다니겠지만ㅎㅎ. 명품이 왜 이삼백만 원을 하는지 이해가 안 간다. 자칭 약간의 패션 감각이 있는 내 눈에는 가격 대비 디자인이 촌스러운 것도 많다. 그래서 별로 구입할 생각을 해보지 않았다. 나는 의류점에서 파는 예쁜 가방과 편한 가방을 선호한다. 나는 가방에 이것저것 쑤셔 넣고 다니는 편이라서 가방을 들어서 없어 보이는 것이 내겐 그리 중요하지 않았다. 명품 가방이라면 무슨 흠집이 날까 봐 신경 쓰이고 조심스러웠을 텐데 그러지 않아도 되니 정말 편했다. 그런데 우스운 것은 내 가방이 명품이냐고 묻는 사람들이 가끔 있다는 것. 내면이 탄탄한 사람은 그 사람의 물건도 명품처럼 보일 수 있나 보다.^^

티베트 산골에 산다고 뉴욕에 사는 사람보다 절대 불행한 건 아니다. 학교 다닐 때 1등 했다고 사회에 나와서 1등 하는 것도 아니고 사회의 1등이 무조건 행복한 것도 아니다. 진짜 부러워해야 할 사람은 남의 기준에 휘청거리는 사람이 아니라 자신의 기준과 가치 속에서 더 많이 즐기고 행복해하는 사람이다. 우리는 비교하는 순간 초라해지고 불행해 질 수 있지만 비교하지 않고 자신의 인생을 살면 더 행복해 질 수 있다. 자꾸 자신의 현재 모습을 주변의 잘나가는 누구와 비교하려 들지 말자. 비교하는 습관만 버려도 자신의 인생이 180도로 즐겁게 변할 수 있다. 비교는 행복한 인생의 최대 장애물이자 바이러스이다.

TIP **구체적인 실천방안**

1. 다른 집 아내와 남편과 비교하지 마라. 큰 부부싸움 난다.
2. 우리 아이만의 개성이 있는 법! 옆집 아이와 비교하지 말자.
3. 물질적인 비교를 버리고 정신적인 비교에 집중하라.
   더 많이 깨닫는 사람을 부러워하라.
4. 자신의 현재와 과거를 비교하라. 얼마나 전진하고 얼마나 후퇴했는지.

모든 사람은 날 오해할 권리가 있다

"일반적으로 진실이 중상모략에 대한 최선의 해명이다."

– 에이브러햄 링컨

    어느 블로그의 프로필에 이런 글이 있었다. "모든 사람은 날 오해할 권리가 있고, 내가 그것을 굳이 해명할 이유는 없다." 참 당당해서 좋다. 그래 그 정신 참 좋다. 사실 살다 보면 이런저런 오해를 사는 게 당연하다. 나랑 견해가 다르고 바라보는 시각이 다른데 어찌 오해가 안 생기겠는가. 다만 그 오해 앞에서 당당해질 필요가 있다. 너무 움츠러들고 미안해하지 말자. 누구나 실수는 할 수 있는 법. 내가 크게 잘못했다면 쿨하게 인정하고 사과하면 그만이다. 그 사과조차 받아들이지 않고 여전히 오해하고 있는 사람이 있다면 나하고 인연이 안 맞는 사람이라고 생각하고 거리를 둬라. 그게 속 편하다.

오해는 시간이 해결한다

나를 오해한 어떤 친구가 있었다. 해명하려 했지만 전화조차 받지 않았다. 당시 일도 바쁘고 해서 그냥 내버려 두고 있었다. 그런데 몇 년이 지나 친구에게서 전화가 왔다. 자기가 오해했노라고. 다른 친구에게 내 얘기를 들었는데 자기가 속 좁았다고 했다. 나는 그게 무슨 일이었는지 정확히 기억이 나지도 않았다. 감정이 상했을 때는 누구든 올바른 소리가 들리지 않는다. 아예 귀를 닫아버리기도 한다. 그렇기에 오해가 일으킨 사건 앞에서 너무 초조해하거나 불안해할 필요가 없다. 일단 시간을 두고 오해 당사자의 감정이 누그러들 때까지 기다리는 게 가장 좋다. 친한 친구나 애인이 자기를 오해했다고 좌절하거나 자학하는 건 정말 바보 같은 짓이다. 물론 마음이 아프거나 속상할 수도 있다. 하지만 잠시 거리를 두고 시간을 갖는 게 최선이다.

우리는 오해받는 것을 정말 속상해하고 억울해한다. 나도 예전에는 그랬지만 지금은 그냥 오해하면 하라고 내버려 두고 더 말을 하지 않는다. 이것이 내가 해보았던 가장 효과적인 방법이고 나를 덜 괴롭히는 것 같다. 이혼법정에도 숙려기간이라는 게 있다. 오해했다면 충분한 숙려기간을 가져야 한다. 오히려 그 기간이 상대를 더 깊이 이해하는 좋은 계기가 될 수 있다. 우리는 말 한마디 잘못 하고 댓글 하나 잘못 달아서 쓸데없는 오해를 산다. 그러나 그런 오해는 누구나 할 수 있는 실수라고 받아들여라. 그래야 오해를 풀기도 쉬워진다.

헛소문에 대한 오해는 둘이서 풀어라

억울한 오해는 푸는 게 좋다. 하지만 너무 매달리며 풀 필요는 없다. 그런 경우는 자신이 초라해지고 마치 큰 잘못을 저지른 것처럼 더 큰 오해를 사게 된다. 오해를 했다면 한두 번만 정중히 해명하고 사과하라. 여러 사람이 오해를 하고 있다면 공개 석상에서 해명하면 그만이다. 자기가 다 나서서 해명하러 다닐 필요도 없다. 시간이 해결해 주지 않는 오해는 나 이외의 제삼자가 해결하는 경우도 있다. 연예인의 경우는 기자들이 오해를 풀어주고 친구 사이의 오해는 다른 친구가 풀어준다. 그렇기에 오해 앞에서 안달하거나 초조할 필요가 없는 것이다. 오해는 실이 엉킨 상황이자 감정이 틀어진 상황이다. 이 상황을 조급해하며 매달리면 실이 더 엉킬 수 있다. 그냥 내버려 두면 실마리가 보인다. 그렇게 느긋하게 풀어가는 게 좋다. 오해는 상대방에 대한 무지에서 시작한다. 상대를 잘 알지도 못하면서 조금 안다는 착각과 오만이 오해를 부른다. 상황의 전후 사정을 파악하려 하지 않고 자신만의 생각으로 단정을 짓는 태도는 오해로 가는 지름길이다. 설탕에 대한 오해나 조미료에 대한 오해도 무언가 한쪽으로 치우친 독선과 독단 탓이다.

얼마 전 20대에 대한 기성세대의 이해와 오해를 컨셉으로 한 잡코리아의 광고를 봤다. 광고 내용은 대략 이랬다.

길을 가다가 어떤 할아버지와 어깨를 부딪힌 20대, 할아버지가 한 말씀 하신다. '요즘 젊은 애들은…' 좌석이 가득 찬 버스 안에서 한 할아버지가 서 있지만 졸고만 있는 20대, 역시 할아버지의 독백. '요즘 애들은...' 광고는 이 상황을 20대의 시선으로 다시 돌려본다. 학비를 벌기 위해 알바시간에 늦지 않기 위해 뛰어가다가 할아버지와 어깨를 부딪힌 20대, 밤새 아르바이트를 마치고 지친 몸을 이끌고 가는 버스 안에서 졸고 있는 20대. 무조건 나쁘게만 보면 오해만 쌓인다. 조금이라도 넓은 마음으로 이해하려 들면 세상은 더 따뜻하고 부드러워지지 않을까?

TIP 구체적인 실천방안

1. 나로부터 비롯된 감정의 틀어짐은 시간을 두고 해결하라.
2. 내가 해결할 수 없는 오해는 제3자에게 부탁하라.
3. 헛소문으로 인한 오해는 당사자가 진심으로 만나 풀어라.
4. 오해가 안 풀렸다고 좌절하거나 자학하지 마라.

나락 한 알도 자기 힘으로 맺는 게 아니거늘

"누구나 홀로 선 나무, 그러나 서로가 뻗친 가지가
어깨동무가 되어 숲을 이루어 가는 것."

– 조정래

　　어디선가 사과 하나가 떨어진다. 빨갛고 탐스럽고 예쁜 사과가 땅
에 떨어지자 땅속을 지나던 두더지가 잽싸게 나와서 사과를 갉아먹
는다. 그 뒤를 이어서 다람쥐, 토끼, 돼지, 너구리, 여우, 악어, 기
린, 코끼리, 사자, 곰 등이 차례로 사과를 먹는다. 작은 동물부터 먹
고 뒤로 갈수록 덩치가 큰 동물들이 순서를 기다려 사과를 아삭아삭
갉아먹는다. 마지막으로 사과가 우산 모양의 뼈대만 남았을 때 세찬
비가 오기 시작하고 사과를 먹은 모든 동물이 옹기종기 모여 비를
피한다. 이 이야기는 『사과가 쿵』이라는 어린이 책에 나온다.

122

요즘 어린이 책에는 어른들에게도 교훈이 될 만한 이야기가 많다. 짧은 글이지만 울림이 있다. 결국 우리 세상은 혼자 힘으로는 절대 살아갈 수가 없다. 물론 스스로 일어서는 기본적인 힘은 필요하지만 인생을 살아가다 보면 알게 모르게 주변 사람들의 도움으로 내가 성장한다는 걸 알 수 있다. 한자 人(사람 인)은 두 사람이 서로 기대고 있는 모양 아닌가. 나에게 없는 것이 너에게 있고 너에게 없는 것이 나에게 있다. 그렇게 서로에게 없는 것들이 서로에게로 흘러들어 가며 사람을 키운다. 그 흘러들어가는 걸 차단하고 자기만 생각한다면 그 순간에 사람의 성장은 멈추는 거다.

나락 한 알도 자기 힘으로 열매 맺는 게 아니다

예전에 무위당 장일순 선생의 『나락 한 알 속의 우주』를 읽은 적이 있다. 책 제목 그대로 벼의 나락 한 알에는 우주의 모든 기운이 담겨 있다. 물과 바람과 햇살의 도움 없이는 벼가 익을 수 없다. 우리네 인간들도 마찬가지. 오로지 자기 힘으로 자수성가했다고 말하기는 힘들다. 물론 자기 의지력이 중요하겠지만 한 사람이 성공하려면 부모의 유전자부터 동료들의 양보와 배려와 자기를 믿고 끌어주는 선후배 등이 없이는 불가능하다.

예전에는 박사과정에 입학할 때 별도의 시험을 치렀다. 나는 임신 중인데도 불구하고 시험 준비를 위해 도서관에서 공부했다. 남자 선배들이 '꼭 도서관에서 공부해야 되냐?'며 봐주기 괴롭다고 짓궂은

장난을 치기도 했지만 가끔 내 책상 위에 우유나 주스를 가져다 놓은 선배들의 따뜻한 마음을 받으며 그 시기를 보냈던 거 같다. 그리고 남편이 자리를 잡기 전에 내게 과외선생으로 생활비 걱정을 한 번도 하지 않게 도와준 이는 같은 과 대학원의 이진실 선배였다. 나보다 열 살이 많고 동네의 학부모 모임에 속해 있던 선배는 내게 과외학생을 소개해줬다.

나의 다섯 형제들은 모두 지방에서 서울로 대학을 진학했다. 나는 부모님께 나의 대학생활에 대한 부담을 드리기 싫었다. 결혼할 때 시댁 부모님들께서는 안정되지 않은 상태로 결혼하겠다던 남편을 반대했다. 그래서 난 시댁의 도움도 받지 않고 스스로 내 학위와 생활을 해결하려고 결심했다. 난 주위의 도움을 전혀 기대하지 않아서 다 비울 수 있었고, 또 예기치 않은 과외선생의 길로 들어서면서 나를 뒤집었고, 유명 과외선생이 되어서 생활비와 여유를 채울 수 있었다. 사실 갓 태어난 아들을 키우며 학위과정을 병행하는 게 쉽지 않았다. 그래서 그 당시 내 아들을 돌봐주셨던 분도 내 인생에는 큰 힘이 되었다. 난 과외를 통해 그분의 급여와 생활비를 해결했는데 그것 역시 내 인생에서는 또 하나의 뒤집기 경험이었다. 좀 힘들었지만 과외를 했던 그때의 경험은 나를 요약정리에 꽤 능하고 학생들에게 강의를 이해하기 쉽게 잘 설명하는 교수로 만들어주었다. 그리고 요즘 열심히 활동하고 있는 방송생활에서도 작가들의 질문지에 정확한 답을 찍어서 정리해주는 능력까지 채워주었다. 과외를 끝내고 집에 들어와 아들과 놀아주다가 밤늦게야 나의 학위를 위한 과제며 리포트를 정리할 때면 포인트를 찍는 순발력이 필요했다. 그 같은 벼락치기와 집중력은 내 교수생활에도 큰 도움이 되었던 것 같다. 삶은 그 어떤 경험도 그 어떤 힘든 시련도, 비우기와 뒤집기 그리고 채우기의 과정을 거치면서 본인을 지켜주는 새로운 힘을 만들어내는 것 같다.

나는 아파서 미국에 가 있을 때도 주변 분들의 도움으로 건강해질 수 있었다. 교포들의 열정과 사랑도 많이 느꼈다. 그렇게 내 주변 사람들의 도움을 받아 지금의 내가 완성되어 갔다. 나는 그걸 잊을 수 없다. 그 고마움을 늘 생각한다. 비만클리닉을 할 때도 돈 없는 청춘들이 찾아온 적이 몇 번 있었다. 심지어는 남자친구가 비용을 지불한다고 데려왔는데, 그 얼굴을 보니 여친에게 잘 보여야 하는 의무감으로 괴로워하는 친구들도 있었다. 나는 남자 친구를 끌고 온 고객에게는 최소의 비용으로 도와줬고, 또 알바를 해서 번 돈을 가지고 자기 몸에 투자하려는 고객에게는 혼자서 할 수 있는 비만 치료법을 무료 상담으로 다 알려주었다. 병원의 도움이 꼭 필요한 젊은 이들에게는 적게 쓰고 최대의 효과를 보도록 자기 관리법을 알려주었고, 그들 중에는 지금은 비만 상담을 해주는 사람들도 있다. 그래도 피부비만클리닉은 부유한 고객들도 꽤 모여드는 곳이니 수익사업으로 충분한 성공을 거두기도 했다. 그렇게 우리는 서로에게 도움을 받고 서로에게 도움을 주며 살아간다. 그게 사람이고 그게 우리 인생 아닐까.

함께 하면 큰 힘이 된다

이런 노래가 있다. "혼잣소리로는 할 수 없겠네. 둘의 소리로는 할 수 없겠네. 둘과 둘이 모여 커다란 함성 될 때 저 어리석은 자 깨우칠 수 있네." 사실 우리 개개인의 힘은 참 미약하다. 그러나 하나둘 모여들어 같은 소리를 내면 세상을 바꿀 수도 있다. 당신은 "그 사람 없이는 살아갈 수 없는 사람"과 "누구에게도 기대지 않고 혼자서 살아가는 사람" 중에 어느 쪽에 속하는가. 나는 두 사람을 다 왔다 갔다 한다. "누구에게도 기대지 않고 혼자서 살아가는 사람"은 스스로 살아가는 자립의 개념에 속하고, "그 사람 없이는 살아갈 수 없는 사람"은 더불어 살아가는 공존의 개념에 속한다. 우리는 이 두 개의 발로 세상을 걸어간다. "당신 없으면 살아갈 수 없다"는 말은 나의 무능이나 결핍을 실질적으로 인지하는 발언이 아니라, 오히려 "그러니까 당신이 앞으로도 건강하게 살길 바란다"는 건강과 행복을 기원하는 덕담이다. 자기 주변에 건강과 행복을 빌어주는 사람이 많은 사람은 그렇지 않은 사람보다 건강과 행복을 누릴 가능성이 크다. 축복이란 본질적으로 상호적이기 때문이다.

더불어 살려면 자기 것만 챙겨서는 안 된다. 분명 양보할 것들이 있고, 상대를 배려해야 하는 것들이 있다. 그렇게 조금씩 자기를 낮춰야만 함께 어깨동무가 되고 함께 숲을 이룰 수 있다. 검사, 장관, 국회의원, 대통령이 자기들 힘으로만 된 것이 아니지 않는가. 세상의 어떤 권력도 스스로 그 자리에 올라서지 못했다. 지금 자기가 가지고 있는 부와 권력을 자기 힘으로만 이루어낸 것이라 착각하는 순간 그들이 소유하고 있는 것은 한 줌의 재가 될 것이다. 자기 혼자만의 명예와 자기 혼자만의 권력을 좇지 마라. 혼자만 움켜쥐면 재가 되지만 함께 소유하면 세상을 활활 타오르게 하는 에너지가 될 수 있다. 재를 움켜쥘 것이냐 에너지를 가질 것이냐는, 오로지 함께 더불어 사는 정신에서 비롯된다고 난 확신한다.

TIP 구체적인 실천방안

1. 공동체의 생활에 적극적으로 참여하라. 함께 봉사하고 함께 토론하라.
2. 인터넷의 카페나 SNS 등에 가입하여 어울림의 즐거움을 느껴라.
3. 아주 작은 것도 나누자. 내게 필요 없는 것이 다른 이에게 간절할 수 있다.
4. 공부해서 남 주자. 공부의 혜택을 못 받는 이들에게 나의 지식을 나누자.

미들푸드, 패스트푸드와 슬로푸드 사이

─────

"아르마니 속옷을 입었다고 그게 내 몸의 일부가 되지는 않지만,

햄 조각을 먹으면 그건 내 몸의 일부가 된다.

내가 패션보다 음식을 더 걱정하는 이유다."

– 카를로 페트리니

패스트푸드는 단어 그대로 해석하면 빠른 음식, 즉 주문과 조리법이 간단하고 먹는 시간이 오래 걸리지 않으므로 빠르게 먹을 수 있는 음식을 뜻한다. 우리나라에서는 1970년대 이후로 젊은 층의 서구식 선호 경향과 사회적 흐름에 따라 그 수요가 엄청나게 증가했다. 그러나 다른 한 편으로는 건강한 신체와 정신을 강조하는 웰빙 물결이 일면서 패스트푸드를 반대하는, 즉 슬로푸드를 주장하는 목소리가 나왔는데, 그것은 자연으로 돌아가고 싶은 욕구에서 비롯된 것이다.

예전의 식생활 방식인 '슬로푸드'는 신선하고 몸에 좋은 천연 조미료 등을 사용해 어머니가 직접 차려주시던 음식의 개념이다. 마치 새롭게 등장한 것 같은 이 슬로푸드는 사실 패스트푸드가 등장하기 전부터 모든 인류가 먹었던 일상의 음식이었다. 슬로푸드는 단순히 음식 그 자체가 아니다. 사라져가고 있는 향토 요리나 좋은 품질의 재료를 제공하는 소小 생산자를 지키고 소비자 전체에게 올바른 영양을 제공하려는 녹색 문화인 것이다.

우리 현대인은 바쁘다. 식탁을 위하여 '슬로우, 슬로우'를 말할 여유가 없이 젊은이들은 치열한 경쟁으로 하루하루를 산다. 게다가 한국인은 더 바쁘다. "빨리, 빨리~~!" 외국인의 경우에는 인터넷 기사를 클릭하고 기다리는 시간이 평균 20초인데 반해 한국인은 딱 3초만 기다린다고 한다. 이런 상황에서 슬로푸드만을 고집할 수 있을까? 빠른 변화 속에서 한국의 젊은이들에게 과연 무엇을 주는 것이 대안일까? 그 해답은 바로, 건강 문화를 지키면서 시간을 단축할 엄마의 손길이 담긴 패스트푸드, 즉 미들Middle푸드를 개발하는 것이다.

많은 사람이 패스트푸드의 단점으로 설명하는 비타민과 무기질의 부족을 보완하기 위하여 다양한 채소를 부재료로 사용하면 되는 것이다. 지난달 제자들과 함께 관람한 청춘토크콘서트에서 수제버거의 강자로 유명한 '맘스터치'의 정현식 대표와 〈비타민〉이라는 노래를 부른 가수 박학기 그리고 『인생사용설명서』의 저자 김홍신 선생님이 나란히 앉아 있는 무대를 본 적이 있다. 난 그 무대를 보며 "아, 정답이 저기 있구나"라고 생각했다. 엄마의 손길을 고려한 비타민 가득한 인생이 담긴 햄버거? 비타민과 무기질을 함유한 통밀버거(또는 호밀버거)도 좋고, 아니면 리코펜Lycopene과 베타카로틴 β-carotene이 가득한 토마토, 비타민과 섬유소 및 설포라판Sulforaphane이 가득한 양배추, 궤르세틴과 황화합물의 양파로 만든 햄버거라면, 우리 생활 속에서 한 끼는 OK, 에너지와 영양을 주는 식사가 된다고 확신했다.

지금은 야구 해설자로 활약하는 한국 프로야구의 전설 양준혁의 '만세 타법'이라는 것이 있다. 그가 슬럼프를 겪던 2002년, 자신의 모든 타격 폼을 완전히 버리고 만세 타법을 만들었다는 기사를 본 적이 있다. 자신이 홈런을 칠 때 만세를 부르던 전성기의 사진을 보고 힌트를 얻어 고유한 만세 자세의 타법을 개발했다는 것이다. 이런 만세 타법 같은 우리 한국인만의 독자적인 음식 프랜차이즈가 있다. 통 살에 통 양배추를 넣은 수제버거인 맘스터치는 한국인이 개발하고 발전시킨 한국 토종 프랜차이즈다. 맘스터치는 한국인들의 비용과 시간을 만족시켜줄 신개념 베스트푸드이자 한국인만의 미들푸드다. 건강생활의 식문화가 필요한 21세기에는 패스트푸드도 슬로푸드도 아닌 미들푸드의 개념이 필요하다. 사회적·정신적 충족이 가능한 음식의 만족감으로 우리의 일상을 힐링한다면 우리는 하루 세 번씩 더 젊고 건강해지지 않을까? 너무 빠르게 먹거나 너무 느리게 먹는 것이 아닌 적당히 우리의 라이프스타일에 맞는 미들푸드에 관심을 갖자. 음식이라는 것도 너무 한 가지 스타일만 고집하면 우리 인생까지도 불균형해질 수 있다.

내 나이 오십, 나는 아직 여자

"누구나 한번은 멋진 꿈을 꾸지만, 예쁜 공주 왕자를 만나는 꿈을

늦지 않았어. 꿈을 한번 꾸어볼까?

쇼윈도에 비친 모습 나 정말 미쳐미쳐 뚱뚱 아줌마

아~ 뚱뚱하면 어때 그래 나 아줌마 나도 한때는 내 허리 이십사 늘씬한 몸매

어찌어찌하다 내 허리 삼십육 마음은 열아홉 쭉쭉 빵빵 아니 여도 아직은 나 여자

지금이 좋아 누가 뭐래도 지금이 좋아 나는 여자다."

― 이경애의 노래 〈아직은 나 여자〉

    여자 나이 50이 넘으면 여자로서의 불꽃이 서서히 잦아든다. 숫자가 4에서 5로 바뀌었을 뿐인데 그 차이는 엄청나다. 웃음도 곰삭은 아줌마의 표정이 나오고 얼굴에 그 성적표가 드러난다. 어떤 분은 여태껏 중전마마로 화려한 스포트라이트를 받으며 살았는데 어느 순간 대비마마가 되어 골방으로 물러나야 하는 설움에 봉착하는 느

낌이라고도 하였다. 이럴 때 저절로 튀어나오는 외마디 비명이 "아, 옛날이여"이다. 이래서 나이 든 사람들이 왕년이라는 말을 자주 썼나 보다. 나도 한때는 50의 슬픔이 달나라가 아니라 명왕성 저 끝에 있는 숫자인 줄로만 알았었다. 하루하루에 집중하다 보니 50이라는 숫자를 잊고 있었다.

방송을 하다가 친구가 된 개그우먼 이경애 씨는 '아직은 나 여자', '화려한 외출'이란 노래로 50 중반을 넘어 가수로 데뷔를 했다. 멋진 친구다. '아직은 나 여자'란 노래는 본인이 직접 작사를 했다는데, 나에겐 오십이 넘어도 또 예순이 되어도 희망을 가지고 현재를 살겠다는 의미로 그 가사가 다가온다. 세상의 풍파와 모진 역경을 다 겪고도 항상 남을 배려하는 마음과 겸손함을 지니고 도전을 하는 그 모습이 너무나 아름답다.

여자 나이 50이 넘으면 여자가 아니라는 심한 말을 하는 사람들이 있다. 물론 그게 사회적 시선이라는 걸 부인하지 못한다. 그러나 여자에게 40대까지는 몸의 시대였다면 50대 이후는 마음의 시대라고 얘기하고 싶다. 40대까지의 감성과는 다른 감성이 싹 트는 시기다. 세상의 풍파에 여기저기 찢긴 감성이지만 여전히 대부분의 50대 여자들은 소녀의 감성을 간직하고 있다. 심지어 70대 할머니도 마찬가지의 감성을 몰래 만지작거린다. 그래서 70대 할머니들을 흰머리 소녀라고 예쁘게 부르기도 한다. 우리 곁에는 자기 자신을 잃어버린 채 10년, 20년을 살아온 사람들이 많다. 백미러를 볼 틈 없이 앞으로

만 질주한 인생들에게 50대는 돌아와 거울 앞에선 누님들처럼 잃어버린 자기 자신을 돌아보는 소중한 시기다.

괜히 화가 날 때가 있다. 괜히 우울해질 때도 있다. 내 마음 같지 않게 얼굴이 빨개지기도 한다. 이 변화를 갱년기라고 표현한다. 50대가 그런 시기다. 폐경이 오면서 여자로서 신체적 기능이 상실한다고 얘기한다. 그러나 아이를 낳을 시기만 지난 거지 여자가 아니라고 얘기하는 건 무리다. 받아들이기 힘들다. 50이 넘은 여자들은 아내의 삶, 엄마의 삶, 며느리의 삶을 건너온 인생의 투사들이다. 자기희생을 감수했고, 식구들이 남긴 반찬을 양푼에 슥슥 비벼 혼자 끼니를 해결하며 외로움도 같이 삼켰다. 아줌마로서 수다쟁이가 된 건, 그것마저 발산을 못하면 숨이 막힐 것 같아서다. 이런 처지를 이해해달라고 세상에 투정 한번 부린 적 없는 사람들이 50대를 넘어선 여자들이다. 나와 같은 결을 살아가는 이들 50대 이상의 여자들에게 나는 동지로서 응원가를 보내고 싶다. 지금까지 희생을 감수했던 그 시간만큼 이제는 자기를 즐기는 시간을 갖기를 권하고 싶다. 혼자 카페에 앉아 책을 읽어도 좋고, 혼자 어디론가 훌쩍 여행을 떠나도 좋다. 조금 부푼 몸에 부끄러워하지 말고 자신의 깊은 곳에 억눌려 있던 소녀감성을 먼지를 털며 꺼냈으면 좋겠다.

자기만의 아지트를 만들어라

나이 들어갈수록, 아니 나이랑 상관없이 사람들은 누구나 자기만의 공간이 필요하다. 그게 커피숍이어도 좋고 PC방이어도 좋고 독서실이어도 좋다. 아니면 도심 어느 공원의 산책로라도 혼자만의 사색공간을 확보해 두는 게 좋다. 삶이 피곤하고 사람들이 싫어질 때 도피하고 싶은 아지트 하나쯤은 있는 게 좋다. 부부 사이라도 각자의 사색공간이 필요하다. 남편도 아이들도 나도 각자의 방이 필요하다. 각자의 입맛이 다르듯 각자 딴짓할 공간이 어느 정도 필요하다. 쉼표 없는 인생은 에너지가 금방 방전된다. 사색이나 명상이 없는 인생은 새로운 열정이 충전되지 않는다. 가끔은 세상의 시선에서 벗어나 잠수를 탈 필요가 있다. 혼자만의 외로움에 충분히 젖어들 필요가 있다. 안은영의『여자생활백서』에는 '완벽하게 외로움을 털어내기 위해서는 외로움에 푹 빠져들라'고 했다. 그러려면 자기만의 아지트가 절대적으로 필요하다. 외로움에 푹 잠길 아지트가. 아지트는 집 이외의 장소가 좋지만 집 안에도 자기만의 공간을 만드는 게 좋다. 주부라면 싱크대 앞의 탁자에 앉아 혼자 라디오에서 흘러나오는 음악을 들어도 좋고, TV가 있는 골방에 앉아 혼자 영화를 보며 감정의 카타르시스를 쏟아내도 좋다. 어떤 형태로든 혼자 있는 시간과 혼자 있는 공간은 필요하다. 집 안이어도 좋고 집 밖이어도 좋다. 자신만이 머무를 수 있는 공간, 아무에게도 방해받지 않는 공간, 명상과 사색에 집중할 수 있는 공간... 바로 그런 곳이 당신만의 아지트가 되어야 한다.

TIP **구체적인 실천방안**

1. 50대가 넘어서 아프면 자기만 손해다. 건강검진을 받고, 헬스나 요가를 하며 자기 몸을 가꾸는 시간을 갖자

2. 새로운 취미를 갖자. 마음속으로만 생각했던 취미 하나를 찾아서 1년 동안 학원도 다니고 자신을 위해 투자를 하자.

3. 외로움도 즐겨라. 하루에 몇 분 정도는 혼자 있는 시간, 혼자 사색하는 시간을 가져라.

4. 혼자만의 방과 아지트를 만들어라.

행복과 행운은 비워야 채울 수 있다

"人棄我取 人取我與(인기아취 인취아여)

남이 버리면 나는 취하고, 남이 취하면 나는 포기했다."

— 『사기』

우리는 자꾸 가지려고만 한다. 하나를 가지면 두세 개를 더 가지려 하고, 경쟁사회에 떠밀려가다 보니 남보다 나를 챙기기에 급급하다. 내가 관심을 갖고 있는 다이어트도 결국은 비움이 중요하다. 몸의 노폐물을 비워내야 살도 빠지고 몸도 가벼워진다. 우리는 마음이 허해서 무언가 채워 넣으려고만 한다. 입이 허하면 간식을 먹어야 하고 스트레스가 심하면 또 먹는 거로 해결하려 한다. 사는 게 고달픈 인생들은 밤늦은 시간까지 술과 기름진 안주로 자기 몸을 더 고달프게 한다. 현대인은 분명 채우는 것만 알고 비우는 건 모르는 사람들 같다. 눈만 뜨면 무언가를 채우려고 정신없이 달려든다. 1억을 벌었으면 그중에 얼마나 비우고 나눌 것인가라는 생각은 절대 안 한다. 당연히 2,3억을 벌 생각으로 머리는 무겁고, 마음은 몸을 혹사하며 욕심의 노예생활을 자청한다. 도대체 얼마나 채우려고 이렇게들 사는 걸까.

사실 장수의 비결은 어렵지 않다. 조금 아쉬운 듯 덜 먹는 것이다. 다이어트의 최대의 적은 불규칙한 식사습관과 스트레스로 인한 과식이다. 잘 먹었으면 잘 비워주어야 하는데 우리는 분명 비우는 데는 인색하다. 입으로 들어가는 것만큼 뒤로 배설하는 게 우리 몸에 얼마나 중요한지 우리는 잊고 사는 것 같다. 나도 예전에 단식해 봤는데 배를 비우니 몸이 가벼워지고 머리도 맑아지는 느낌을 받았다. 우리는 채우기 급급한 인생을 한 번쯤은 비워야 한다. 그래야 내 몸의 순환이 이루어진다. 두 다리를 가진 사람이 잘 비우려면 두 다리를 잘 활용해야 한다. 잘 걷고 잘 달리면 내 몸에 노폐물이 자연스럽게 빠져 나온다. 조용한 숲 속을 산책해 보라. 한 30분 정도 걷다 보면 몸의 노폐물뿐 아니라 마음의 노폐물까지 자연스럽게 빠져 나오게 된다. 나도 가끔 일이 안 풀릴 때면 캠퍼스를 천천히 걷곤 한다. 걷다 보면 나를 방해하는 잡생각들이 어느새 빠져나가고 정신이 맑아진다.

우리는 채울 거 다 채우고 나서 비운다는 생각을 하면 안 된다. 일단 채우기 전에 비우는 작업부터 해야 한다. 마음도 비우고 몸도 비워야 한다. 칸트나 괴테가 왜 산책을 즐겼을까. 마음을 비우기 위해서다. 지하철에서 똑같은 자세로 스마트폰만 볼 게 아니다. 가끔 길을 걷다가 하늘도 볼 줄 알아야 하고 나무에 손을 대고 자연과 교감

할 수도 있어야 한다. 나는 다이어트를 하는 사람들에게 독소 배출 기간으로 해독이 가장 중요하다는 설명을 한다. 아무리 건강에 좋은 음식이나 약도 몸에 노폐물이 그대로 있는 상태에서는 좋은 효과를 발휘할 수가 없다.

조선시대의 거상인 임상옥은 '계영배戒盈杯'라는 술잔을 주로 사용했다고 한다. 계영배는 '술이 일정한 한도에 차오르면 새어나가게 만든 잔'으로 과음을 경계하기 위해 고안된 잔이다. 이 술잔은 사용자에게 가득 채움을 경계하라는 메시지를 전하는데, 일정한 한도까지 차오르면 자동으로 '비움'의 과정을 통해서 다시 '채움'의 정수를 맛보게 하는, 참으로 존경스러운 선조의 지혜가 빚은 잔이라 할 수 있다. 거상 임상옥은 계영배를 늘 옆에 두고 과욕을 다스렸고 그렇게 해서 큰 재산을 모았다고 한다. 부라는 것도 기부 등을 통해 일정하게 비워야 다시 채움이 일어날 수 있다. 세계 최고의 부자 중에 한 사람인 워런 버핏은 2006년 자신의 재산 중 약 85%에 달하는 370억 달러를 아무런 조건 없이 사회에 기부한 적이 있다. 이게 계영배다. 많이 채워져 있으면 비워야 하는 거다.

또 있는 것을 버리는 것 말고도 나에게 주어진 아픔이나 고통도 버려야 할 때가 많다. 집착하다 보면 추해지고 당당할 수 없기 때문이다. "그까짓 것, 뭐 어쨌다고?"라고 중얼거리며 비우기 연습을 하면 된다. 비우지 않으면 앞으로 더 채울 기회가 없고 그저 괴로움만 가득할 것이다. 언젠가 내가 좋아하는 어른과 만나서 말씀을 나누던

중, 마음이 울려 가슴이 찡했던 적이 있다. 그분은 태어날 때부터 한쪽 다리가 불편한 소아마비로 고생했는데, 두 다리를 가진 사람들이 더 불행하다며 그들이 짜증내고 힘들어 하는 게 안타깝다고 했다. 그분은 팔다리 네 개를 다 움직일 수 있는 사람은 행복이고 한 다리가 불편해 세 부위만 움직일 수 있는 자신은 행운이라고 했다. 신이 있다면 이제는 그보다 힘든 고통은 주지 않을 것이기 때문에 앞으로의 모든 일을 너그럽게 다 받아들일 수 있는 마음의 준비가 되어 있어서 행운이라고… 우리는 가끔 평범한 행복에 대해 감사하지 못할 때가 많다. 대부분의 우리 일상이 행복이거나 행운이니 삶을 고마워하며 즐겁게 지내도 되는데 말이다. 행복과 행운은 비워야 채울 수 있고 그렇게 해야 더 가벼워져서 감사하는 마음도 생길 수 있다.

우리는 생활 속에서도 비움을 실천할 수 있다. 책상 서랍을 비운다든가 휴대폰의 쓸데없는 사진을 버린다든가 컴퓨터 파일을 정리할 필요가 있다. 컴퓨터도 용량이 꽉 차면 속도가 느려지듯 사람도 무언가 꽉 채워져 있으면 몸과 마음이 느려진다. 우리 안에 무언가 가득 채워져 있다면 새로운 것이 들어갈 틈이 없다. 무조건 채워져만 있는 인생은 불행한 인생이다. 재산축적도 건강도 우리의 마음도, 모두 비움에서 시작되어야 한다는 걸 명심하시라.

TIP 구체적인 실천방안

1. 휴대폰 전화번호도 가끔은 필요 없는 번호를 삭제하면서 정리하라.
2. 집 안 청소도 자주 해야 좋은 기운이 들어온다.
3. 몸을 비우기 위해 한 끼 정도 굶거나 하루 정도 단식도 해볼 만하다.

꿈과 희망이 없는 자는 영원한 꼴찌

"영혼에 필요한 물은 사랑이며, 영혼에 필요한 음식은 기쁨이고,
영혼에 필요한 햇빛은 꿈과 희망이다."

– 김홍신 (작가)

나는 꼴찌를 응원하지 않는다. 좀 더 구체적으로 말하면 희망을
품고 있지 않은 꼴찌를 응원하지 않는다. 사실 희망이 없다는 거 그
자체가 인생의 꼴찌이고 패배자나 다름없다. 내 처지가 바닥이어도
내 전공이 마음에 들지 않아도 희망을 버리지 않는 자가 결국은 한
계단씩 올라간다. 나는 대학에서 배울 게 참 많다고 생각한다. 전공
에서만 배울 게 아니라 대학 내의 각종 동아리 활동과 행사 그리고
이벤트 등을 통해 자기에게 맞는 재밌는 능력을 찾을 수 있다. 무엇
이든 부딪혀 보면 기회가 온다. '두드려라! 그러면 열릴 것이다!'는
진리다. 두드리지 않는 자에게는 기회의 문은 절대 열리지 않는다.

세상살이는 절대 공부만이 길이 아니다. 오히려 세상 속에 사람들 속에 배워야 할 엄청난 기회들이 널려 있다. 대학 안에서의 전공에만 갇혀 있지 말아야 한다. 전공은 더 큰 세상으로 가는 지렛대이고 디딤돌일 뿐이다. 식품영양학을 전공했다고 해서 그것으로 인생이 정해지지 않는다. 나는 학생이라면 원 없이 공부해야 한다고 생각한다. 전공도 공부하고 관심 있는 다른 분야도 공부해야 한다. 열정을 갖고 자꾸 공부하다 보면 '어, 이거 나하고 맞는데'라고 할 수 있는 것이 생긴다. 그걸 잡으면 인생은 자신의 힘으로 살아가는 주도적인 게임이 된다.

1998년생으로 올해 나이 17세. 2014년 고등학교에 입학한 지 2개월 만에 자퇴하고 2015년 3월부터 포털사이트 다음의 만화 속 세상에 〈학교를 떠나다〉를 연재하고 있는 필명 '버선버섯'은 우리나라 최연소 웹툰 작가다. 그는 자퇴 이후 방황을 하다가 어느 날, 뭐라도 해보려고 자퇴한 10대 소녀의 소소한 일상을 웹툰으로 그렸다. 그런데 그 작품이 게임사이트 '루리웹' 공모전에 당선되면서 예상치 못한 웹툰 작가의 길이 열리게 된 것이다. 스타크래프트의 폭군으로 유명한 프로게이머 이제동도 고등학교 때 자퇴를 하고 오로지 게임연습에만 몰두하여 우리나라를 대표하는 프로게이머가 되었다. 이제동은 수업시간에 수동적으로 시간을 허비하는 게 싫었다. 그 시간에 조금이라도 더 연습하여 최고의 프로게이머가 되는 게 그의 꿈이었다. 그래서 이제동은 자퇴를 했다. 이렇게 공부가 본인의 삶에서 길이 아니라고 판단되면 과감하게 다른 경로를 생각할 수도 있어야 한다.

오는 2016년 미국 대통령을 뽑는 예비 선거의 후보로 인생역전의 인물이 등장해서 화제가 되었다. 공화당 유일의 흑인 후보인 벤 카슨이 그 주인공이다. 그의 어머니는 글자를 몰랐다. 그녀는 열세 살의 어린 나이에 열다섯 살이나 더 많은 남자와 살림을 차려 아들 둘을 낳았는데, 그중의 하나가 벤 카슨이었다. 두 아들은 걸핏하면 싸움만 했고 급기야 둘째 벤 카슨은 꼴찌 성적표를 받아왔다. 어머니는 고민 끝에 아들들을 도서관에 데려가 일주일에 무조건 책을 두 권씩 읽고 독후감을 쓰라는 숙제를 내준다. 아이들은 글씨보다 그림이 많은 책을 고르다 보니 자연 도감을 줄줄이 읽어 치우게 된 것이다. 둘째아들이 어느 날 과학 시간에 선생님이 돌 이름을 맞혀보라고 하자 혼자 손을 번쩍 들었다. 그는 "흑요석黑曜石요!"라고 대답했고, 그 순간 친구들의 시선이 달라지는 걸 느꼈다. 거기서 벤 카슨의 인생 반전이 시작되었다. 그때부터 공부에 재미를 느낀 벤 카슨은 1년 반 만에 1등의 자리에 올랐다. 그 후 세계 최초로 샴쌍둥이 분리 수술의 위업을 달성한 세계적인 명의가 된 그는 최근에는 도널드 트럼프를 위협하는 공화당 유일한 흑인 대선 후보가 되었다.

에디슨이나 아인슈타인은 꼴찌들에게 쓸데없는 희망을 준 위인들이다. 학교 다닐 때 그들은 성적이 꼴찌였지만 인생에서는 1등이 되었으니까. 그러나 그들은 그냥 꼴찌가 아니라 꿈과 희망의 에너지를 속에 감추고 있던 준비된 1등이었다. 지금 우리는 에디슨과 아인슈타인을 꼴찌의 대변자로 핑계 댈 게 아니라 우리 안에 꿈틀거리는 꿈과 희망의 에너지가 있는지를 확인해야 한다. 꿈과 희망이 없는 자는 영원히 꼴찌이고 패배자이기 때문이다.

세계 유일 1인 프로젝트 그룹인 〈달빛요정역전만루홈런〉의 이진원 씨는 월 100만 원의 수입만 있다면 자기가 좋아하는 음악을 하겠다고 했으나 안타깝게도 뇌졸증으로 젊은 나이에 죽었다. 그가 부른 노래는 희망을 잃지 않고 살았던 그의 에너지를 담고 있으며, 그래서 그런지 요즘 젊은이들에게 큰 힘을 준다. 가사를 음미하다 보면 젊음과 청춘이 얼마나 귀한 것인지를 느끼게 된다.

〈축배〉
축배를 들어라 오늘을 위해서
내일을 향해서 축배를 들어라

어쩌면 좋아 사는 게 왜 이렇게 힘들어
오늘은 위로를 받아야겠어
두려움 없던 그 시절로 돌아가 보는 거야
친구여 오늘만은 나와 함께

뜨겁게 빛나는 우리 젊음과 청춘에
잔을 높여라 아낌없이 마셔라

축배를 들어라 오늘을 위해서
내일을 향해서 축배를 들어라

한 잔은 내게 한 잔은 버림받은 세상에

한 잔은 그리운 그 사람에게

서글펐지만 희미한 희망으로 버텨온

어둠의 시간들아 잘 있거라

뜨겁게 빛나는 우리 젊음과 청춘에

잔을 높여라 아낌없이 마셔라

축배를 들어라 오늘을 위해서

내일을 향해서 축배를 들어라

축배를 들어라 오늘을 위해서

내일을 향해서 축배를 들어라

그날이 온다면 그날이 온다면

축배를 들어라 축배를 들어라

[출처] 달빛요정역전만루홈런 – 축배

 구체적인 실천방안

1. 아이들에게 너무 1등만 강요하지 말자. 경쟁 말고 더불어 세상 살아가는
   법을 가르쳐라.
2. 자기가 뭘 좋아하는지를 파악하라. 그것만 알아도 인생 성공이다.
3. 꼴찌반란 리스트를 작성하라. 그들의 역전 드라마를
   나의 드라마로 전환해라.

Chapter
3

매운맛 인생

정말 매운맛 좀 볼래

막연한 생각은 막연한 결과를 초래하는 법이다.
결국 현실적인 사람, 준비가 철저한 사람이 이긴다.
그 답을 알기 위해 참 많은 시간 실패를 경험했다.

세상에는 반칙을 저지르는 사람들이 많다.
그들 앞에서 나는 법을 잘 지키는 사람이라고
강조할 필요가 없다. 마음만 상한다.
반칙 앞에는 변칙이 필요하다.
인생은 어차피 정석대로 흘러가지 않는다.
그래서 더더욱 변칙이 필요하다.
세상을 향해 내게 감춰진
매운맛을 보여줄 필요가 있다.

남들이 안 하는 방법을 찾아보고
남들이 생각하지 못한 것을 생각해 내고
남들이 가지 않는 길을 간다.
그 이단아적 삶이
오히려 내 인생을 더 살맛 나게 한다.

다른 건 틀린 게 아니다.
다른 건 즐거운 삶이다.

회사는 너 같은 아이, 안 뽑을 거야

"비록 인생이 당신을 삼켜버릴 듯하더라도 인생에게 'Yes'라고 말하라."

– 스티븐 라슨

　"너를 꼭 뽑아서 채용해야 할 이유를 만들어!" 불과 2~3년 전만 해도 나는 제자들에게 가능한 희망을 주고 좋은 이야기를 해주려 했었다. 그러나 차가운 사회, 더 차가운 기업을 경험하고 보니 조금 따끔한 말을 해주어야 아이들이 더 큰 상처를 받지 않을 것 같다는 확신이 자리 잡게 되었다. 취업을 목표로 하는 직업교육의 현장에서 학교에서는 실수를 어느 정도 눈감아 주지만 사회는 가혹하고, 단 하나의 실수도 봐주지 않는다는 걸 얘기해줘야 했다. 열심히 하고 최선을 다하는 게 중요한 게 아니다. 회사는 기업 이윤을 위해 결과가 중요했고 잘 해서 결과를 내지 않으면 아무런 의미도 가질 수 없었다.

　보통 고약한 회사에서는 "너희는 아웃컴(결과)이 없으면 필요 없는 존재다."라고까지 말을 하는 상사가 많다. 어쩌면 대부분의 오너들의 마인드는 저 범주에서 크게 벗어나지 않는다. 회사는 직원을 이용해서 어떻게 하면 높은 이윤을 창출할지 고민한다. 그렇기에 막연하게 회사가 나에게 잘해줄 것이라는 기대는 접는 게 좋다. 내가 경영자의 위치에 서기 전에는 제자들에게 최대한 희망을 주려고 했다. 쓴소리보다 달달한 이야기를 많이 했다. 그러나 경영자의 자리에 선 이후에는 조금 더 현실적인 조언을 하게 되었다. 조직에 들어가 어느 정도 역할을 하려면 조직이 필요한 역량을 키워야 한다는 걸 강조한다. 그게 갖추어지지 않으면 아무리 좋은 자격증을 갖추었다 하더라도 조직에서 대접을 받을 수 없다는 걸 얘기한다.

요즘에는 소확행에 이어 취확행이라는 말이 유행하고 있다. '소소하지만 확실한 행복'을 넘어 '취업을 해야 확실한 행복'이라는 개념이 대세를 이루고 있다. 그만큼 취업에 목매 단 학생들, 취업 준비생들의 불안감이 높다는 증거다. 나도 대학 때 취업을 고민했었다. 그러나 지금의 아이들만큼은 아니었던 것 같다. 하루 14시간씩 토익을 공부하며 기숙 학원에서 여름을 보내는 아이들을 보면 눈물겹기까지 하다. 이런 제자들에게 냉정한 말을 하기가 안타깝지만 그래도 해야 한다. 그래야 사회에 나가 덜 상처를 받는다. 냉정한 말을 하려면 나부터 냉정해져야 했다. 그래야 마음이 약해지지 않고 현실적인 말을 할 수 있다.

그리고 본인이 정말 잘 할 수 있는 일을 선택해야 한다. 리즈 스미스는 "비범한 일을 행하라. 단지 꿈만 꾸지 말고."라고 말했다. 1967년 미국의 보스턴 마라톤에 출전한 캐서린 스위처Kathrine Switzer. 당시 20세였던 그녀는 여성 참가자가 허용되지 않는 이 대회에 몰래 출전했다가 대회 임원에게 적발되어 레이스를 저지당한다. 그러나 당시 동행한 코치의 도움으로 완주에 성공한다. 요즘은 전통적으로 잘못되었던 남녀의 영역을 수시로 크로스오버해야 인생의 주도권을 잡을 수 있다. '여자라서 감히'라는 말은 시궁창에나 버려 버리자. 블루오션은 멀리 있지 않다. 여자들의 영역에 남자가 뛰어들고 남자들의 영역에 여자가 뛰어들면 그것이 차별 극복이고 블루오션이다. 메이크업하는 남자, 뜨개질하는 남자, 여성 경호원, 여성 기장… 일단 그 도전만으로도 사람들의 시선을 사로잡는다. 억지로 돈 들여 홍보할 필요도 없다. 이미 그 도전 자체가 홍보가 되니까. 영역을 뛰어넘는 크로스오버, 그것도 세상을 바꾸는 강한 힘이 된 거 같다. 어떤 일에 도전하려면 비범한 일에 도전하는 게 좋을 수 있다. 금녀의 벽을 허문 남자, 금남의 벽을 허문 여자, 듣는 것으로도 멋지다. 그리고 그들 자신은 얼마나 더 짜릿할까?

기분 전환이 필요하다. 취업이 아무리 중요해도 자신의 몸과 마음을 피폐하게 만들면서 도전할 이유가 없다. 인생은 길다. 취업도 마라톤 전략으로 가는 게 좋다. 3,4개 회사에 연속으로 떨어졌다면 일주일은 그냥 취업을 잊고 자신을 추스르는 시간을 갖는 게 좋다. 그래야 다시 도전의 에너지 게이지가 올라갈 것이다.

　사회는 냉정하다. 회사는 더 냉정하지만 100세 시대가 되었고 우리는 평생교육과 평생 취업생으로 살아야 할 그 시대에 있다. 전공이 아닌 다른 영영에서의 공부를 하고 역량을 길러 원했던 분야의 직업인으로 도전해 보는 것이 필요하다. 그 도전 자체가 당신 인생의 뒤집기 터닝포인트가 될 것이다. 현실만 정확하게 알고 취업을 준비한다면 실패 확률은 많이 줄어들 것이다. 취업 준비생들에게 들려주고 싶은 힘이 나는 노래가 하나 있다. 예전에 이적과 유재석이 부른 '말하는 대로'라는 노래 가사가 참 좋다. 그 가사의 한 구절을 취준생들을 위한 응원가로 바친다.

멈추지말고 쓰러지지말고 앞만보고 너의 길을 가
주변에서 하는 수많은 이야기
그러나 정말 들어야 하는 건 내 마음 속 작은 이야기
지금 바로 내 마음 속에서 말하는대로

 구체적인 실천방안

1. 자신이 사장이라면 자신을 뽑을 수 있을지를 먼저 생각하자. 사장 입장에서 자신의 강점과 약점이 뭔지를 찾아내자
2. 회사가 나를 계산적으로 생각하는 만큼 자신도 회사를 계산적으로 생각하자.
3. 한 100번 정도 탈락할 각오로 취업을 준비하자. 오히려 그 좌절의 끝에 역전의 기회가 있다.
4. 취업에 성공한 사람들의 이야기보다 취업에 실패한 사람들의 이야기에 귀를 기울이자. 거기에 힌트가 있다.

밤 12시에 먹는 라면은 위장의 악마

"요즘 아이들은 평균 여성보다 몸무게가 23%나

덜 나가는 몸매에 가차 없이 노출돼 있다."

– 파니 앰보손 (인류학자)

"우리의 밤은 당신의 낮보다 화려하다! 하루를 살아도 느낌 있
게…" 이것은 ≪비스티 보이즈≫란 영화의 카피 문구이다. 나는 이
포스터 문구를 보다가 영화의 내용과는 전혀 상관없이 직업병이 발
동했다. 비만의 원흉인 지방세포가 만들어지는 메커니즘이 밤에도
쉬지 않고 바쁘게 움직이고 있다면? 그렇다면 그 누구도 뚱뚱보로부
터 자유롭지 못할 것이라고 중얼거렸다. "우리의 밤은 당신의 낮보
다 바쁘다! 그러면 정말 큰일인데… 밤에는 쉬어야지… 하루를 살아
도 날씬하게…" 이렇게 카피가 바뀔 수도 있다. 이것이 과연 엉뚱한
상상일까? 만일 밤에 무엇인가를 먹으면 우리의 몸은 살찌우는 지방
세포를 만들기 위하여 바쁘게 움직이게 된다. 즉, 밤에 섭취하는 음

식은 비만을 만들기 때문에 다이어트의 적이 되는 셈이다.

야근하면 꼭 야식을 시켜 먹어야 하는가

먹고살기 힘들다 보니 야근하는 사람들이 참 많다. 현장에서 야근하든 사무실에서 야근하든 우리는 일만 하며 그 밤을 견뎌내지 못한다. 일에 에너지를 쏟는 만큼 뱃속에 무언가를 채워 넣고 싶어 한다. 요즘 배달업체들이 난립하는데 밤에 전화 한 통으로 먹고 싶은 걸 쉽게 시킬 수 있는 환경도 문제다. 위장은 시도 때도 없이 활동하는 기계가 아니다. 피치 못하게 야근한다고 해도 간단하게 요기만 하면 되지 과도하게 무언가를 채워 넣으려 하면 몸에 탈이 난다.

일본 니혼대학 약학부 연구진이 발견한 것으로서 지방을 축적하는 데 관여하는 것으로 알려진 BMAL1 단백질은 낮에는 거의 만들어지지 않고 밤에 많이 만들어지는데, 오후 3시쯤에 가장 적고 저녁부터 증가하여 밤 10시~새벽 2시에 절정에 이른다. 밤에 지방을 만들어내는 가장 바쁜 물질이다. 비만도가 심한 사람일수록 이 단백질의 양은 많다. 이 단백질이 무서운 것은 지방세포뿐만 아니라 다른 세포에도 지방을 축적한다는 점이다. 또한 밤 시간에 우리의 몸이 이미 섭취한 것을 몸에 동화시키려는 '동화주기(밤 8시~새벽 4시)'라는 것이 있는데 동화를 해야 할 시간에 '섭취'가 일어나면 오히려 지방 축적이 바쁘게 진행된다고 한다. 또한 동화주기가 뒤로 밀리면서 오전 시간인 '배출주기'가 짧아져 노폐물과 독소도 배출되지 않는다.

섭취주기인 낮에 먹고 밤 시간인 동화주기엔 먹지 않는 것이 우리 몸의 조화와 균형을 이루도록 하는 것임을 쉽게 알 수 있다.

자기 몸을 생각한다면 회식과 야식을 줄여라!

우리나라의 회사문화는 몸을 망치는 문화다. 회식과 야식은 남자들에게는 뱃살을 선물하고 여자들에게는 비만을 선물한다. 어쩔 수 없다는 핑계 대지 말자. 자기 몸을 망치는 상황 앞에서 어쩔 수 없는 이유가 뭐 필요하겠는가. 자기 몸을 사랑하지 않는 사람이 누구를 사랑하겠는가. 우리는 꼭 야식과 회식이 아니어도 밤을 환하게 밝히며 위장을 긴장하게 한다. 낮에 일 때문에 바빠서 하지 못한 페이스북도 해야 하고 영화도 봐야 한다. 그런데 그런 걸 입이 심심한 상태에서 잘 못 한다. 밤 12시에 먹는 라면은 얼마나 맛있는가. 그런데 그렇게 뇌와 위가 따로 노는 욕망은 몸을 망치는 지름길이 된다. 회사의 야식이나 회식은 직원에게 작은 행복을 줘야 한다. 그렇지 못하다면 스트레스로 인한 코티솔이란 호르몬이 분비되어서 지방을 더욱 축적하려 하기 때문이다. 사실 직원의 건강을 챙기는 회사가 더 좋은 회사다. 술만 마시는 회식 대신 다양한 문화공연으로 대신하는 회사도 늘고 있다. 차라리 그게 몸에는 더 좋다. 자기 몸을 나쁜 쪽으로 몰고 가는 회사의 잘못된 습관은 과감하게 거부하라. 내 몸이 건강할 때 직장이 나를 찾게 되는 것이다. 신설학과의 대학교수로 처음 임용된 나는 필요하면 학교가 세상의 전부인 것처럼 밤낮없이 일을 했고 얼마 후엔 우리 식품영양과를 꽤 괜찮은 학과로 만들었지만, 그것 또한 어리석었던 거 같다. 신장이 제 기능을 못 해 온몸이 부으면서 스스로에게 짜증이 났고 또 뚱보가 되어 갔다. 아프면 본인만 억울할 뿐 세상이 나를 알아줄 거라고 기대하면 안된다. 세상은 그런 곳이다.

늦은 밤 우리는 침대에 누워 편안한 휴식을 취하지만 살을 찌우는 세포들은 오히려 밤을 기다리고 있다. 이 세포들에 기회를 주어서는 안 된다. 아침이 상쾌하고 내일이 의욕적이려면 이 세포들을 쉬게 해야 한다. 우리가 잠든 사이에 우리의 몸을 지방으로 가득 채우려 하는 것을 멈추게 함으로써 그들이 더 이상 할 일이 없게 만들어야 우리 몸이 아름답고 날씬하게 된다. 우리의 낮보다 바쁜 그들에게 이제는 휴식을 주는 현명한 선택이 필요하지 않을까?

TIP 구체적인 실천방안

1. 인식을 바꿔라. S라인, 초콜릿 복근이 평균 몸매가 아니라 지금 당신의 몸매가 평균이다.
2. 멋진 몸매를 위해 운동하지 말고 멋진 건강을 위해 운동하라. 개념이 천지 차이다.
3. 옷에 몸을 맞추지 말고 몸에 옷을 맞춰라. 맞는 옷이 없으면 찾아서라도 맞춰라.
4. 비평균 몸매 따라잡기 위해 자기 몸에 칼 대지 마라. 몸에 칼 대는 순간 정신도 깎여 나간다.

▶ 참고도서 – 『팻Fat-비만과 집착의 문화인류학』 돈 쿨릭 · 앤 메널리 엮음

그럼에도 불구하고

– 마더 테레사 수녀

사람들은 흔히 비이성적이며

논리적이지도 않고 이기적이다.

그럼에도 불구하고 그들을 용서하라.

만약 당신이 사람들을 친절하게 대한다면

사람들은 당신이 다른 속셈을 숨기고

친절하게 대한다고 의심할 것이다.

그럼에도 불구하고 친절하게 대하라.

만약 당신이 성공하려면

가식적인 친구들과 진정한 적들의 벽을

넘어서야 할 것이다.

그럼에도 불구하고 성공하라.

만약 당신이 성실하고 정직하게 살더라도

사람들은 당신을 속여 마음 아프게 할 것이다.

그럼에도 불구하고 정직하게 살아라.

무엇을 이루기 위해

여러 해 동안 흘린 너의 땀방울을

누군가 한순간에 물거품으로 만들어 버릴 수도 있다.

그럼에도 불구하고 계속 이루려고 노력하라.

만약 당신이 평온하고 행복한 삶을 산다면

사람들은 당신을 시샘할 것이다.

그럼에도 불구하고 행복하게 살아라.

오늘 당신이 사람들에게 선행을 해도

사람들은 내일이면 그것을 다 잊어버릴 것이다.

그럼에도 불구하고 선행하라.

당신이 가진 모든 것을 이 세상을 위해

아낌없이 베풀어도

세상은 결코 충분하다고 말하지 않을 것이다.

그럼에도 불구하고 아낌없이 베풀어라.

당신이 알다시피.

이 모든 것들은 결국 신과 당신과의 문제다.

절대로 당신과 그들과의 문제가 아니다.

우리, 좋은 중독으로 갈아타자

"어떤 중독이든 한 번 중독 진단을 받으면 살아 있는 동안에

'끊었다'고 자만하면 안 된다. 평생 회복 중인 상태로 살아가는 것이지

회복됐다고 생각하지 마라."

– 어느 국내 중독 치유 전문가

　　현대인은 무언가에 쉽게 중독된다. 워낙 유혹하는 것들이 많은 세상이다 보니 그럴 수 있지만 이제는 병적으로 중독에 빠지는 사람들이 늘고 있다. 담배와 술 중독이야 워낙 많이 대중화(?)된 중독이지만 우리가 모르게 '어, 이것도 중독인가?' 할 정도로 본인도 모르게 중독되는 경우도 많다. 특히 음식중독 중에는 아무도 중독이라고 느끼지 못하는 중독이 있다. 그중에 단순당 중독이라는 게 있다. 설탕은 현대인의 스트레스 증가로 인하여 마음의 안정에 도움을 줄 수 있어서 그 요구도가 증가하고 있다.　그 과다섭취에 대한 심각성은

생각하지 못하고 설탕이 그저 감미의 역할을 하니 우리가 알게 모르게 설탕을 많이 먹는 것이다. 예를 들어 커피를 마실 때 자신도 모르게 각설탕을 여러 개 넣거나 하루 한 개씩 먹던 초콜릿을 두세 개씩 먹고 싶다면 단순당 중독을 의심해야 한다. 단순당에 중독되면 정제된 설탕이나 단맛이 나는 음식을 요구량 이상 섭취하면서도 계속 허기를 느끼게 된다. 탄수화물도 중독이 있는데 그건 스낵 및 과자, 도넛, 빵, 케이크, 햄버거, 피자 등과 관련되고, 설탕과 밀가루를 원료로 하는 음식이나 사탕, 초콜릿 등 단맛이 강하게 나는 음식들은 단순당 중독의 주원인이 된다. 단순당을 포함해서 음식중독이라 불리는 질병 아닌 질병이라 불리는 것의 원인으로는 만성 스트레스, 수면장애, 설탕, 트랜스 지방, 그리고 밀가루를 들 수 있다. 이 다섯 가지에서 벗어날 수 없는 사람이라면 당신도 음식중독에 빠져 있다고 볼 수 있다.

무언가에 중독되는 순간 노예가 된다

"좋아하는 것에 중독되지 마라. 중독되는 순간 노예가 되는 거야."
우리 주변에는 의외로 중독자들이 많다. 낚시 중독, 바둑 중독, 인터넷 중독, 도박 중독, 알코올 중독... 심지어 종교 중독까지. 이런 중독들은 사실 자기 통제력을 상실한 상태이다. 중독된 이것들이 없으면 살아갈 의미를 못 찾는 것이다. 도박을 즐기기 위해 강도짓도 서슴지 않으며 술이 없으면 아무것도 못한다. 중독된 순간 사람으로서의 정상적인 삶을 살아가기가 힘든 것이다.

"중독은 보상, 동기 부여, 기억 등에 관련한 뇌의 회로 이상을 수반하는 주요하고도 만성적인 뇌 질환이다. 이들 회로에서 생기는 기능 장애는 매우 특징적인 생물학적, 정신적, 사회적, 영적 표출들로 이어진다. 이것은 물질 사용과 다른 행위들에 의한 보상과 위안을 추구하는 개인들에게 나타난다. 중독은 행동 통제 장애, 갈망, 일관된 금욕 장애, 그리고 자신의 행동과 타인과의 인간관계와 관련해 심각한 문제가 있다는 것에 대한 인식 저하 등의 특징을 지니고 있다. 다른 만성 질환처럼 중독은 완화됐다가 다시 재발하는 순환을 한다. 치료를 받거나 회복 활동을 하지 않으면 중독은 계속 진행되며 결국에는 장애와 조기 사망에 이른다." 미국 중독 의학회The American Society of Addiction Medicine가 최근에 발표한 중독addiction에 대한 정의다. 중독은 조기 사망이 언급될 정도로 심각한 질환이라는 얘기다.

중독은 병을 부른다

탄수화물 중독은 비만을 부르고, 알코올 중독은 알코올성 지방간이나 알코올중독증을 유발하며, 도박 중독은 가정파탄을 가져온다. 통제할 수 없는 중독은 자신과 주위 사람들을 괴롭히는 무책임이다. 가끔 나는 '워커홀릭'은 아닐까 생각하고, 또 사람들은 일을 열심히 하는 사람들에게 일중독이라고 한다. 그것은 아마 결과를 위하여 성실하게 책임을 다하는 조절이 가능한 중독일 것이다.

사실 현대문명은 사람들을 미치게 하는 경향이 있다. 미치지 않고는 제정신으로 살아가기 힘들게 한다. 그래서 술을 마시고 게임을 하면서 다른 세계에 자연스럽게 빠져든다. 그런 상황을 충분히 인정한다. 하지만 미치지 말자. 너무 다른 세계에 가서 살지 말자. 함께 풀어 가면 해답이 있을 것이다. 중독을 병으로 인정하면 치료할 방법도 나올 것이다. 아프면 아프다고 해야 빨리 낫는다. 중독에도 좋은 중독이 있을 것이다. 사람 중독, 책 중독, 가족 중독... 자신을 미치게 하고 세상을 힘들게 하는 나쁜 중독에서 벗어나 좋은 중독으로 갈아탈 수 있도록, 나도 돕고 당신도 돕고 세상도 도와야 한다. 그래야 더불어 함께 건강하게 살아가는 사회가 되지 않을까.

> **TIP** **구체적인 실천방안**
>
> 1. 나를 미치게 하는 나쁜 중독이 아니라 좋은 중독을 찾아라. (책, 가족, 그림, 음악 등등)
> 2. 무언가에 중독되어 있다면 주변에 도움을 청하라.
> 3. 좋아하는 걸 즐기는 것도 정도가 있다. 선을 넘지 말자.
>   남 피해 입히지는 말자.
> 4. 중독은 병이라는 걸 쿨하게 인정하자. 그래야 빨리 고칠 수 있다.

40대, 배를 채우지 말고 가슴을 채우자

"음식으로 고치지 못하는 병은 없다. 음식이 곧 약이 되게 하라."

– 히포크라테스

예전에 비만클리닉에서 일할 때 병원을 방문한 한 남성이 있었다. "중년남성의 불룩한 배, 이건 술배야, 술배..." 이것은 술과 안주가 만든 복부비만이라고 표현하는 것이 맞다. 40대 중년남성이 뱃살 때문에 일상생활은 물론이고 호흡도 힘들다고 호소하면서 지방흡입술을 하면 지겨운 뱃살이 다 들어갈 수 있느냐고 물었다. 지방층의 두께를 측정하는 데 사용되는 캘리퍼보다 더 정확한 나의 엄지와 검지를 이용하여 양해를 구하고 그의 배를 집었다. 심하게 불뚝한 뱃살이었지만 손에 잡히지 않고 빠져나가는 복부비만, 즉 윗배의 안쪽 내장형 고도비만이었다. 고개를 가로젓는 나에게 그는 "술배인 거죠?"라고 물었고, 나는 "술도 복부비만에 영향을 주지만 함께 드신 안주 때문이겠죠"라고 답했다.

술배를 줄이려면 안주를 조심하라

대부분의 술은 곡류를 증류하여 만든 것으로, 소주 한 병은 500kcal, 생맥주 1,000cc가 380kcal인 식품이다. 열량은 꽤 높지만 체내에서 이용할 수 있는 영양가는 전혀 없어서 엠프티 칼로리empty calorie 식품으로 분류된다. 몸속에서 알코올 자체의 칼로리는 에너지로 곧바로 사용되기 때문에 사실 체지방으로 축적되지 않는다고 생각할 수 있다. 그러나 술은 그 자체만으로 간에 부담을 주어 간의 글리코겐 저장 능력과 중성지방 분해 능력을 쇠퇴시키고 결과적으로 체지방 합성으로 진행된다. 또한 술을 분해하기 위해 단백질이 근육에서 빠져나가게 되므로 기초대사율이 낮아진다. 예를 들어 운동선수들이 시합 전에 금주 수칙을 지키는 것도 근육 손실을 막기 위한 이유에서다.

심각한 것은 음주를 즐기는 대부분의 사람이 고열량 안주를 함께 섭취한다는 것이다. 알코올이 체내에서 가장 먼저 분해되고 이 알코올을 분해하기 위해서 바빠진 몸은 안주의 열량을 대부분 지방으로 전환해 저장하게 된다. 복강 내 내장지방세포로 저장되는 경우에는 심각한 내장비만이 된다. 내장지방은 혈액에 쉽게 들어가 혈중 콜레스테롤 수치를 높이고 활성산소를 만들면서 체내 장기에 들러붙어 장기를 압박하게 된다. 따라서 내장지방이 많아지면 고혈당, 고지혈

164

증, 당뇨와 동맥경화증 등 성인병의 원인이 되기도 한다.

인생을 발효시키듯 발효 음료를 즐기자

사람도 음식처럼 잘 익어가는 사람이 멋있다. 시간이 지날수록 자신의 가치관과 삶을 숙성시키는 사람은 생각과 말에서도 깊은 향이 우러나오는 듯하다. 40대를 지나면 배를 채우는 데 집중하기보다 가슴을 채워야 한다. 그리고 기왕 배를 채울 거면 자신의 인생을 발효시키듯 발효 음식이나 발효 음료를 찾는 게 좋다. 나는 발효 음료인 야쿠르트 하나로 여러 사람에게 건강을 주고 기업도 장수하고 있는 한국 야쿠르트가 참 대단해 보였다. 그 기업은 그렇게 부담스럽지 않은 가격의 발효 음료로 국민의 건강에 기여하며 기업의 아름다운 역사를 쓰고 있는 듯하다.

사실 우리가 먹는다고 해서 다 영양이 채워지는 것은 아니다. 영양성분은 체내에 흡수되는 비율이 생각보다 낮으므로 많이 먹어도 진짜 영양이 아니라는 것이다. 그런데 발효과정을 거치게 되면 원재료에 없거나 적었던 성분이 발효과정에 의해서 생성된다. 또한 발효 때문에 유산균이 증가하고 그 유익균이 설령 열에 의하여 파괴되어도 발효과정 중 만들어진 성분과 함께 원재료의 영양분 흡수율을 상승시킨다. 그 성분은 음료를 마실 때 제대로 된 영양이 되는 것이다. 게다가 유산균의 힘은 막강하다. 장에서 유익한 균들이 장 기능의 활성화뿐 아니라 면역력을 증가시켜서 질병에 걸리지 않도록 자동

백신을 만들어주는 셈이다. 그래서 나는 채움이라는 음료를 개발했는데 이것도 당연히 발효 음료였다. 아니, 발효 음료여야 한다고 고집을 피웠다.

술과 고열량의 안주에 길들여진 40대들은 자신의 몸을 가볍게 하려면 발효 음식과 친해지는 게 좋다. 우리 몸에는 독으로 존재하는 나쁜 곰팡이가 있는 반면에 이런 나쁜 곰팡이를 효과적으로 없애는 착한 곰팡이라는 것도 있다. 이에는 이, 눈에는 눈! 곰팡이는 곰팡이로 없애야 한다. 나쁜 균과 싸워서 이기려면 그 나쁜 세균을 공격하는 유익균이 내 몸에 더 많아야 한다. 발효 음료에는 이런 착한 곰팡이와 착한 균이 많다. 착한 곰팡이 중에 누룩곰팡이는 술을 만들 때 사용하는데 푸른곰팡이는 우유에서 나오는 블루치즈나 페니실린에 들어 있다. 발효 음료보다는 꼭 술을 마셔야 한다면 기왕 술도 누룩곰팡이가 들어 있는 막걸리 같은 게 더 좋을 수도 있다. 막걸리를 마실 분위기가 아니라면 검은 보랏빛의 안토시아닌과 라스베라트롤의 항산화 성분이 가득한 발효와 숙성주의 왕인 와인을 한두 잔씩 즐기는 것도 좋다. 무엇이든 자기 인생을 조금 더 사랑하려면 독성이 있는 것으로 몸을 혹사하기보다 착한 곰팡이와 균으로 채워진 착한 발효주로 내 몸에 좋은 기운을 불어 넣는 게 좋다. 그래도 굳이 소주를 마셔야겠다면 안주는 채소 위주의 건강한 음주의 방법을 실천하여 숙취 해소에 꼭 신경을 써야 한다. 간을 혹사시키면 내 몸도 상하게 되니까.

우리 일상에는 어떤 발효 음식들이 있을까? 일상의 식탁에서 섭취하는 김치의 경우에는 유산균들과 김치 부재료로 사용되는 마늘·생강 등이 살균작용을 한다. 마늘, 생강, 양파의 황화합물을 섭취하는 것이 중요하다. 전통 된장, 청국장 및 다양한 발효 음료도 면역력 향상에 도움이 된다. 천연 발효식초도 내 몸을 가볍게 하는 데 큰 도움이 된다. 할리우드 섹시 아이콘인 메간 폭스는 아름다운 몸매의 비결을 식초 다이어트라고 얘기했는데, 이제 천연 발효식초는 다이어트를 하는 여성들뿐 아니라 건강을 지키려는 많은 사람이 찾는 음료 성분의 건강식품으로 주목받고 있다. 마키베리, 아로니아와 아사이베리, 그리고 원조 베리인 블루베리는 과도한 활성산소를 제거하는 보랏빛 항산화 식품의 대표적인 과일로서 젊음과 건강을 지키고 싶은 많은 사람이 선호하고 있다. 또한 블루베리보다 더 많은 안토시안 성분과 그 이외의 폴리페놀 성분이 함유되어 있다고 알려진 복분자는 '먹으면 요강을 뒤집는다'는 말처럼 기력증진에 좋은 과일로서, 보통 남자의 기를 보충해주는 '남자의 과일'로 알려졌으나 갱년기 이후 여성들에게는 여성호르몬을 대신하는 역할에도 도움이 되는 과일이다. 더욱이 복분자와 블루베리 천연식초는 발효로 생성되는 더 많은 유익한 성분 때문에 많은 사랑을 받고 있다.

이렇게 좋은 발효 음식들이 널려 있는데도 우리는 여전히 나쁜 궁합인 삼겹살과 소주의 유혹에서 벗어나지 못하고 있다. 삼겹살과 소주를 해독하는 것으로 음주 후 먹는 라면 대신 발효 음료를 마시는 건 어떨까. 버리기와 뒤집기가 쉽지가 않은 술 문화에서 벗어나 자기 인생을 아름답게 발효시키려면 삼겹살과 소주를 버리고 과감하게 뒤집기를 해서 발효주를 챙겨야 한다. 그러나 이 비우기와 뒤집기가 쉬어 보이지 않는다. 하지만 나쁜 건 나쁜 것이다. 그럼에도 불구하고 내 몸을 위한 작은 시도조차도 스트레스가 된다면 적당히 삼겹살과 소주를 사랑하는 것도 나름 스트레스를 푸는 방법이겠지. 그것도 당신의 인생이니 말릴 수는 없지만 기왕 먹고 마시는 거 스트레스는 받지 말기를 당부한다.

> **TIP** 구체적인 실천방안
>
> 1. 회식을 줄여라. 바깥에서 마시는 술을 줄여라.
> 2. 기왕 술을 마실 거면 소주 대신 발효주인 막걸리나 와인을 마셔라.
> 3. 술 좋아하는 사람은 천연 발효식초나
>   발효 음료를 꾸준히 복용하는 게 좋다.
> 4. 몸에 좋은 술을 찾아 마셔라.
> 5. 스트레스받을 때는 절대 술 마시지 마라.

남자도 이제 집안일을 하는 시대

"아내를 돕기 위해 남편이 주방에 들어간다는 발상은 곤란하다.

늘 강조하듯이 가사는 남편과 아내의 공동 책임이지

누구 일방의 몫이 아니다."

― 김용섭, 『결혼은 안 미친 짓이다』 중에서

여자들이 밥을 안 해주면 집안 꼴이 어떻게 될까. 아마도 대부분의 한국 가정은 난장판이 될 것이다. 잘 아는 출판사 사장님께서 이런 말을 하신다. 여자들이 사골 국이나 뼛국을 끓여놓는다면 분명 어디론가 오래 떠날 생각을 하는 것이라고. 사골 국은 간단히 우려먹을 수 있어서 아내들이 집을 며칠 비워도 남편들이 굶어 죽지는 않을 것이기 때문이란다. 고개가 끄덕여진다.

남자들이여, 자립지수를 높여라.

집안일에 대하여 보통 남자들은 '도와준다'고 얘기한다. 누가 누구를 도와주는가? 수동적으로 얻어먹으려는 남자의 심보를 바꾸려면 '도와준다'를 '한다'로 바꿔야 한다. 집안일은 자기 일이라는 깨달음이 중요하니까. 그 깨달음이 없다면 남자의 자립지수는 형편없어진다. 여자가 단 하루라도 없다면 밥도 못 해먹는 남자. 우리 대한민국에는 이런 자립지수 제로인 남자들이 뜻밖에 많다. 라면만 끓여 먹는 남자에서 아내 생일에 미역국 정도는 끓일 수 있는 남자로 바꿔어야 한다. 멋있고 요리 잘하는 차승원 정도까지는 바라지 않지만 적어도 자식들을 위해 된장찌개 정도는 끓일 줄 아는 남자여야 한다. 아니 누구를 위해서가 아니라 본인을 위해 편의점 음식에만 기대서는 안 된다.

할머니 세대들의 "사내 녀석이 부엌을 들락거리면 고추 떨어져"라는 얘기는 폐기해야 할 구석기 시대 유물이다. 몇 년 전 외국에서 대학을 다니던 아들이 사 먹는 음식이 지겨웠던지 카톡으로 요리하는 방법을 물었다. 방학 중 요리학원에 다니면 어떠냐고 묻기에 그러라면서, 앞으로는 남자도 아내를 위하여 음식을 만들 줄 알아야 하며 식생활이 삶의 기본이니 음식을 아는 건 본인에게도 도움이 될 것이라고도 했다. 난 아들 녀석이 나중에 결혼해서 분명 제 마누라에게 사랑받을 것이라 확신한다. 집안일, 이젠 여자가 음식을 만들어 상을 차려야 하는 시대가 아니고, 시간이 남는 사람이 함께 둘 사이를 끈적끈적하게 할 일상의 식탁을 차려야 한다고 믿는다.

남자들이여, 요리를 배우자

언제부터인가 TV를 켜면 '남자들의 요리' 프로그램이 거의 전 채널에서 인기리에 방영 중이다. TV만이 아니다. 라디오에도 남자 요리사들이 등장하고, 백종원이 얘기한 설탕이 신드롬을 일으킬 정도다. 이렇게 우리나라 요리판이 남자판이 되어가는데도 나랑 무관하다고 언제까지 버틸 것인가. 지는 척 트렌드에 따라간다고 생각하고 요리하는 남자에 도전해 보자. 요즘 한식 코스 요리학원에 가보면 남자들도 꽤 많아 쑥스럽지 않을 것이다. 요리하는 섹시한 남자를 요섹남이라고 한다. 페이스북에도 남자들의 요리 솜씨가 심심치 않게 올라온다. 남자들이여, 요리는 내가 할 영역이 아니라고 제쳐놓지 마라. 〈구원의 밥상〉 프로그램에서 함께 방송하는 유성남 셰프는 "음식을 만들려면 무거운 것도 들어야 하고 또 썰고 다듬고 서서 하는 과정이 길기 때문에 요리는 남자에게 더 적합하다"고 하였다. 악기 하나를 연습하듯 요리 한두 개 정도는 인터넷을 뒤져가며 만들어보라. 총각이면 연인의 놀라운 시선에 으쓱할 것이고, 유부남이면 아내의 사랑을 듬뿍 받을 것이다. 요즘에는 남자들이 자신들의 영역 안에서만 놀려고 하면 후진 남자가 된다.

남자 요리사가 보기 드문 존재였던 예전에도 요리 잘하는 남자들이 꽤 있었다. 『그래서 그들은 부엌으로 갔다』라는 책을 보면 유명한 남자들이 자기들만의 요리비법을 뽐낸다. 백기완의 황해도 빈대떡, 섬진강 시인 김용택의 다슬기 수제비탕, 패션 디자이너 박항치의 된장짜장면, 코미디언 고 이주일의 북어김치, 환경운동가 최열의 감자

해물부침, 배우 김갑수의 두부김치, 다일공동체 목사 최일도의 잡채, 탤런트 임현식의 낙지전골... 각 분야의 전문가인 이들이 요리하는 모습을 보니 참 멋있었다. 요즘은 백주부 백종원을 비롯하여 삼시세끼의 차승원, 요섹남 곽시양 등 남자들을 배 아프게 하는 남자들이 차고 넘친다.

명절에 여자만 음식 준비하라는 법 없다. 남자들도 앞치마 입고 전을 부치고 제사 음식을 준비하자. 알다시피 여자들과 아내들은 부엌이 그렇게 즐겁지 않다. 특히 명절날의 차별적 노동 앞에서 스트레스만 늘어난다. 그들의 스트레스를 남자들은 이젠 정말 귀담아 들어야 한다. 아니 적극적으로 나서서 힘을 덜어줘야 한다. 그동안 바깥양반들 내조하느라고 힘들었던 아내들에게 이제는 바깥양반들이 내조해야 한다. 나는 요즘 명절에 명절음식을 대행해주는 업체는 업무가 밀려 예약까지 받는다는 얘기를 들은 적이 있다. 요즘처럼 바쁜 현대사회에 주부들의 힘을 덜어주는 참 좋은 사례라고 생각한다. 본인 생일에 자기 손으로 직접 미역국을 끓여 먹기 귀찮아서 대부분의 아내는 미역국을 먹지 않을 것이다. 오직 남편과 자녀의 생일에만 미역국을 챙기고 본인 것은 다 생략하는 것이다. 이 땅의 남편들이 그런 아내를 한 번쯤 챙겨줘야 하지 않을까.

신정동 김은정 씨의 남편 노정현 씨는 매주 주말이면 부엌에서 요리한다. 대학시절부터 요리를 즐긴 남편은 결혼 후에도 다행스럽게 요리를 놓지 않았다. 본인이 좋아하는 튀김, 볶음, 면 요리를 위주로

172

하던 남편은 아내가 "나 밥 좀 먹고 싶어"라는 요구에 한식에 도전한다. 처음에는 자기가 좋아하는 음식만 요리하다가 나중에는 가족이 다 같이 먹을 수 있는 요리로 건전하게(?) 발전한 거다. 최근에는 무용을 전공하는 딸을 위해 다이어트 음식을 만드는 데도 열정을 보인다. 가족을 위한 요리 대가인 목동 서인숙 씨 아들 김영수 군은 요리에 관심이 많아 요리를 담을 그릇을 먼저 생각하고 외식한 후에는 집에 와서 좀 전에 먹은 음식을 만들 정도였다. 그래서 고등학교도 요리 관련 고등학교로 진학했다. 처음에는 반대한 엄마도 요리에 대한 아들의 열정에 감동하여 이제는 열렬한 응원군이 되었다.

멋진 전문 셰프가 대부분 남자인 이유는 요리가 힘들기 때문일 수도 있다. 요리가 남자에게 더 맞는 일이라면 남자들의 요리는 주변을 행복하게 할 뿐 아니라 본인의 자립지수도 높이는 꽤 효과적인 미래 생활전략이다. 언제까지 여자들의 손맛에 의지하며 살 것인가. 이제는 남자들이 여자들의 입을 즐겁게 해주자.

TIP 구체적인 실천방안

1. 이젠 남자가 살림하자. 가계부도 남자가 쓰자. 여자가 하던 일을 하나씩 남자도 해보자
2. 기본 요리를 배우자. 국거리와 찬거리 정도는 할 수 있어야 한다.
3. 남자들이여, 오늘부터 아내의 집안일을 관찰하라. 세탁기는 어떻게 돌리는지, 음식은 어떻게 보관하는지, 빨래는 어떻게 정리하는지... 그렇게 하나둘 익혀 놓아라. 그래야 자립지수가 올라간다.

잘 먹고 잘 싸는 게 진짜 행복

무슨 생각에서 푸른 산에 사느냐고 묻는데

웃으며 대답하지 않았지만 마음 절로 한가롭다

복사꽃이 흐르는 물에 아득히 떠가니

달리 천지가 있어 인간 세상이 아니로다

– 이백

    지금 우리가 사는 시대는 그냥 먹고사는 문제만 해결하면 되는 시대가 아니다. 기왕이면 잘 먹어야 하고 기왕이면 잘살아야 한다. '옷은 시집올 때처럼 음식은 한가위처럼'이라는 속담이 있다. 옷은 시집올 때 가장 잘 입을 수 있고 음식은 한가위에 가장 잘 먹을 수 있다는 뜻인데, 그건 예전 말이다. 지금은 먹거리가 넘치는 시대이니 진짜 잘 먹고 잘사는 것은 조화와 균형으로 건강한 식생활을 하는 것이다. 음식의 경우도 무언가를 채우려는 조리법에서 복잡하고 무거운 것을 비우는 레시피로 바꾸어야 한다.

음식을 만드는 것도 어떤 마음으로 만드느냐가 중요하다. 명절 때마다 남자들은 여자들이 차려준 음식을 먹기 바쁘다. 그들은 음식을 준비하는 여자들의 마음은 잘 생각하지 않는다. 그나마 요즘 들어 염치 있는 남자들이 늘고 있지만 여전히 여자들의 명절 스트레스는 장난이 아니다. 그녀들이 어떤 마음으로 음식을 만들까? 스트레스 없는 평화롭고 즐거운 마음으로 만들까? 솔직히 아닐 것이다. 스트레스를 받으며 만든 음식에는 좋은 기운이 들어갈 수가 없다. 잘 먹는 건 아마도 잘 만드는 것에서부터 시작해야 할 것이다. 즐거운 마음으로 잘 만든 음식이 잘 먹을 수 있는 건강한 음식이 된다.

옛날에는 그냥 배만 채우면 되는 시대가 있었다. 늘 배가 고팠으니 어떤 음식이든 맛있었다. 그러나 요즘은 내 입맛에 맞지 않는 음식을 억지로 먹으면 탈이 나기 쉽다. 회 잘못 먹어서 응급실로 실려 갈 수도 있고, 걸어가면서 햄버거 먹다가 숨이 막힐 수도 있다. 그냥 대충 먹는 게 아니라 잘 먹어야 한다. 잘 먹는 방법을 배워야 한다. 어떻게 먹어야 내 몸이 잘살 수 있는지 알아야 한다. 몸이 아픈 게 즐거운 인생일 수는 없다. 발가락 하나가 아파도 불행한 게 사람이다.

현대인들은 수많은 나쁜 음식들에 무방비로 노출되어 있다. 과연 먹을 음식이 많다고 잘사는 인생일까? 요즘 몸을 망치는 음식들을 보면 차라리 옛날 음식이 더 좋다는 게 뼈저리게 느껴진다. 겨울에 눈 맞으며 말린 시래기는 얼마나 맛있고 몸에 좋은가. 요즘 아이들은 그들의 할아버지 세대가 평생 섭취한 당분을 일곱 살이 되기 전에 다 섭취한다고 한다. 그만큼 우리는 달달한 음식에 속수무책이다. 자극적인 음식을 먹으면 그 사람의 성격도 자극적이게 된다. 요즘 사람들이 참을성이 없는 건 아마도 음식 탓이 큰 거 같다. 음식으로 몸을 즐겁게 하는 게 아니라 몸을 더 힘들게 하는 것이다. 먹고 살기 바빠서 생긴 스트레스에 안 좋은 음식의 스트레스를 더하니 몸과 마음은 더 악순환이 된다. 먹는 게 풍족한 세상이지만 더 살기 힘든 세상이 되었다. 맵고 짠 음식이나 고기와 술만 먹는 사람의 성격을 보라. 대체로 순한 사람은 아닐 것이다. 그렇다고 토끼처럼 채소만 먹으라는 얘기는 아니다. 적어도 덜 자극적인 걸 먹어야 몸이 평화로워진다. 내 몸이 평화로우면 일상이 가볍고 즐거워진다.

잘 먹고 잘살기 위해서는 잘 싸는 것도 중요하다. 내 몸이 즐거우려면 채움과 비움의 선순환이 이루어져야 한다. 좋은 것으로 채우고 수시로 비워주어야 한다. 아무리 좋은 음식을 먹어도 잘 비우지 않는 사람은 몸에 독을 안고 다니는 것이나 마찬가지다. 몸의 노폐물을 수시로 빼는 것은 잘 먹는 것 이상으로 중요하다. 배변의 고통에 힘들어하는 현대인들은 얼마나 많은가. 잘 싸야 잘 사는 거다.

잘 먹은 만큼 잘사는 것도 중요하다. 잘 먹은 몸으로 인생을 충분히 즐겨야 한다. 먹기는 잘 먹었는데 사는 게 온통 스트레스 투성이면 그 몸은 다시 악순환과 손을 잡는다. 자연의 풍경에 한참 넋을 놓고 있어도 좋고 두 발로 천천히 동네 한 바퀴를 돌아도 좋다. 뒷동산에 가서 나무를 껴안거나 친구들과 수다를 떨며 신나게 웃어도 좋다. 잘산다는 건 명품가방에 외제차를 몰고 다니는 게 아니다. 나에게 주어진 순간순간을 즐겁고 행복하게 사는 게 진짜 잘사는 인생이다. 내 주변에도 멋있게 잘사는 인생들이 많다. 그들은 인생을 음미하면서 사는 이들이다. 사는 맛을 아는 사람들이다. 나도 가끔 그들에게 자극을 받아 어떻게 하면 멋들어지게 살 것인가를 고민하기도 한다.

생존의 시대가 아니라 생활의 시대다. 그러나 생활을 제대로 못하면 생존도 위협받는다. 좋은 걸 먹고 좋은 생각 하면서 잘 먹고 잘 살자. 돈이 많이 드는 일도 아니니 누구나 할 수 있다. 비우고 채우고, 채우고 비우다 보면 잘 먹고 잘사는 비결이 보일 것이다.

TIP 구체적인 실천방안

1. 자연식을 먹어라. 고기보다 채소를 더 사랑하라.
2. 아주 즐거운 마음으로 요리하라. 스트레스가 조미료가 되면 안 된다.
3. 고기도 행복하게 키운 고기가 좋다.

아무도 못 바꾼다면 내가 대학을 바꿔볼게

"무크를 통해 무료 교육이 이뤄진다면 누가 지금의 대학에
막대한 등록금을 지불하겠는가?
이제 중요한 것은 무크에 참여를 할 것인지 말 것인지가 아니라
얼마나 빨리 참여할까를 결정하는 것이다"

– 영국 사우샘프턴대학교 부총장 돈 넛빔(Don Nutbeam)

　세상에서 가장 바꾸기 힘든 것 중에 하나가 공무원과 대학이 아닐
까 싶다. 겉으로는 혁신을 내걸지만 내용은 과거의 답습이 많은 게
공무원과 대학이다. 특히 내가 몸담고 있는 대학계는 더 그런 것 같
다. 주위를 둘러보면 대부분의 교수들은 본인의 영역에서 벗어나는
것을 거부한다. 그나마 요즘은 각 대학들이 정부로부터 지원금을 받
기 위해 창의와 융합을 부르짖기는 하지만 아직도 많은 형식에 얽매
여 있다. 정부가 원하는 혁신의 방향을 실천하지 않으면 대학의 생

존권마저 위협받을 수 있다. 실로 대학의 위기가 현실화된 시대이다. 그럼에도 우리의 대학들은 여전히 혁신에 주저하고 있다. 나는 대학 내부자였다가 외부자의 삶을 살기도 한 사람이다. 그래서 다른 사람보다 조금은 균형적인 시각을 가지고 있다고 자부한다. 예전에는 조화가 중요했고 다른 사람들한테 말을 듣는 게 싫어서 그들의 뜻대로 물 흘러가듯이 따르려 했다. 그러나 이제 다시 처음 교수로 임용되었을 때의 그 소신대로 움직이려 한다. 다른 사람들을 고려했던 저자세에서 탈피하려 하고 무언가 제자들을 위해, 학교를 위해 진짜의 일을 하고 그런 사람으로 살다가 떠나겠다는 생각이 살아났다. 나보다 몇 배 훌륭한 교수들이 대학에 몸담고 있다면 그들과 함께 더 실천적이고 현실적인 역량으로 서로의 생각들이 우리의 대학에 접목되기를 바라는 마음이 클 뿐이다.

앞으로 4차 산업혁명의 근간인 지능정보기술은 변화의 폭이 워낙 깊고 빠르게 전개될 것이기에 대학교육 자체의 판을 흔들게 될 것이다. 정해진 시간과 공간에서 교육을 하는 게 무의미해진다. 그 핵심이 바로 무크이다. 무크mooc란 Massive, Open, Online, Course의 줄임말로 '오픈형 온라인 학습 과정'을 의미한다. 이것은 강의실에 수용된 학생만이 강의를 들을 수 있던 상황에서 청강이 가능한 온라인 학습 동영상으로 바뀌고, 급기야는 질의응답, 토론, 퀴즈, 과제 제출 등 양방향 학습까지 가능해진다. 무크는 미국의 대학교육에 큰 변화를 가져왔고 기업들은 무크 경력을 인정하기 시작했다. 이런 변화를 한국에 접목시킨 것이 K-MOOC이다. 고등교육의 개방이라는 세계적 흐름에 발맞춰 시작된 K-MOOC는 한국형 온라인 공개강좌 서비스로 교육부가 주관하고 국가평생교육원이 시행한다. 이 서비스는 최고 수준의 강의 공개를 통한 대학 수업의 혁신과 고등교육의 실질적 기회 균형 실현, 그리고 고등교육에 대한 평생학습 기반 조성을 목표로 한다. 아울러 국내 우수한 명품 강의 콘텐츠를 공유하여 학생들의 경쟁력을 높일 수 있다.

나는 이 K-MOOC가 우리의 대학, 우리 제자들을 바꿔 놓을 것이라 확신했다. 그래서 다시 돌아온 대학에서 남들이 주저할 때 나 스스로라도 이를 시도하려 했다. 나는 체형관리학을 직업 교육강좌로 사업계획서를 제출하여 K-MOOC 강좌로 선정되었다. 혁신의 시작은 바로 이런 작은 실천에서 나온다고 생각한다. 선정된 이후 학교도 학생들도 반응이 좋았다. 내가 이번에 개설한 강좌는 직업교육 부문 개별 강좌(직업교육 부문)에 선정된 '21세기 체형관리학'이다. '21세기 체형관리학' 강좌는 이수자들이 민간자격증인 체형관리사 자격증을 수월하게 취득하는 데 주안점을 두고 개발하였다.

미국에는 하버드 대학보다 들어가기 힘든 대학이 있다. 합격률 1.9%! 2014년 기존의 대학과 전혀 다른 모습으로 개교한 이 종합대학은 바로 미네르바 대학이다. 이 대학의 창설자인 벤 넬슨은 펜실베니아대에 다녔던 20년 전부터 '대학 교육 시스템이 더 이상 제 기능을 하지 못한다'는 생각을 하고 있었다. 대강당에서 오로지 교수 혼자 이야기를 진행하는 강의, 자기가 좋아하는 수업만 수강해도 졸업할 수 있는 맥락 없는 커리큘럼, 거리로 직접 나가지 않고 캠퍼스에 처박혀 공부만 하는 대학 생활 등에 대한 문제의식이 미네르바 대학을 만든 계기였다. 우리나라도 이런 미네르바 대학이 나와야 한다. 갈 길은 멀지만 첫걸음이 중요하다. 나는 장안대에서 그 첫걸음을 뗐다고 생각한다. 그 중요한 변화의 시작을 우리 제자들도 함께 했으면 하는 바람이다. K-MOOC의 열린 강좌는 분명 취업난에 힘겨워 하는 우리나라 대학생들의 경쟁력을 높여줄 것이다.

세상이 급변하고 있는데 그 흐름에서 뒤처진다면 도태될 수밖에 없다. 나는 우리 학생들이 기존의 방식이 아닌 시대를 앞서가는 창의적인 방법으로 경쟁력을 높였으면 한다. 비싼 돈 들여 토익 기숙학원에 들어가는 것보다 무크 강좌는 더 효율적인 교육 방법이다. 두드리면 열릴 것이라고 했다. 도전하는 자에게 기회는 열리게 되어있다. 내 인생은 늘 도전했던 인생이었다. 깨지고 다쳐도 도전을 멈추지 않았다. 그 도전이 나를 살아있게 만들었다. 우리 학생들, 우리 청춘들도 이 도전을 즐겼으면 한다.

TIP 구체적인 실천방안

1. 스마트폰을 게임만 하는 도구로 전락시키지 말고 효과적인 강좌를 들을 수 있는 최적의 도구로 변모시켜라.
2. 지금 당신이 대학생이라면 당장 K-MOOC 사이트에 들어가 자신의 경쟁력을 높일 강좌를 선택하라.
3. 세계 유명 대학의 명품 강좌도 무크를 통해 들을 수 있다. 기회의 문은 두드리는 자에게 열린다.
4. 취업 경쟁력도 무크를 통해 높여라. 앞으로 우리나라 기업도 미국처럼 무크를 경력에 인정하게 될 것이다.

컬러푸드가 내 몸을 살린다

"식탁에 무지개를 띄우자"

– 미국 농무성 직원이 제안한 슬로건

　여름과 가을의 계절을 가르는 패션이 포인트 컬러에 있다면 이제는 먹거리도 컬러시대가 오고 있다. 음식이라고 빠질쏘냐? 컬러푸드가 이제는 건강을 지키는 핵심이 되고 있다. 여름의 끝자락을 보내며 삼력, 즉 체력과 근력 그리고 정력까지 전부 고갈되어버렸다는 사람들이 많다. 뜨거운 자외선과 더운 열은 우리 몸에 유해한 활성산소를 많이 만들 수밖에 없다. 가을을 맞으면 지친 몸을 보충하고 건강을 챙길 건강 성분들과 활성산소를 배출할 항산화 식품이 필요하다. "활성산소는 산소를 활성화한 것이 아니냐?"며 설마 몸에 나쁜 것은 아닐 거라는 우스갯소리가 있다. 활성산소는 산소가 과다하게 생기면서 나온 세포를 공격하는 짝 잃은 유해한 산소라고 생각하면 된다. 자동차를 가동시키려면 기름을 넣어야 한다. 하지만 에너지가 과도하게 필요하면 결국 배기가스를 뿜는 것처럼 지나치게 요구된 산소가 우리의 세포를 공격한다. 그 결과 몸의 세포가 산화되어 노화가 일어나는 것이다. 정상 세포가 손상되어 독성이 생기면서 세포막 손상과 효소의 대사기능 저해 및 DNA 돌연변이 등을 유발하여 안 좋은 질환이 유발되는 것이다.

활성산소는 피부노화와도 관계가 있는데, 노화를 불러일으키는 주름은 피부의 탄력 세포 콜라겐과 관계가 있고 잡티나 멜라닌세포와도 관계가 있다. 항산화 성분은 이러한 노화를 방지하며 건강한 피부를 지켜준다. 활성산소는 피부노화뿐 아니라 만성질환 및 암 유발의 요인이 되곤 한다. 활성산소를 제거하는 항산화 역할을 키우려면 파이토케미컬(식물성 화합물인 비타민)이 함유된 다양한 색깔의 채소나 과일, 검정콩이나 깨, 해조류 등을 섭취해야 한다.

오래전부터 음식에도 컬러 열풍이 꾸준히 불어왔다. 그 시작은 누구에게나 익숙한 '그린푸드', 즉 푸른 채소와 녹차에서 비롯됐다. 컬러푸드는 그린푸드 외에도, 레드와인, 고추, 토마토로 대표되는 '레드푸드'와, 복분자, 가지, 블루베리에서 아로니아까지의 '퍼플푸드'와, 당근, 호박 등의 '옐로푸드', 그리고 최근 주목받는 '블랙푸드'에 이르기까지 그 종류도 다양하다. 컬러푸드는 눈을 즐겁게 할 뿐 아니라 유해한 활성산소를 제거하는 파이토케미컬, 즉 엽록소, 카로티노이드나 안토시안 등과 같은 항산화 성분도 포함하고 있다. 식품의

색이 진해질수록 유해성분인 활성산소의 제거에 도움이 된다. 또한 컬러푸드에는 항산화를 대표하는 비타민 A, C, E와 무기질도 다량 함유되어 있으니 가을의 활기를 위해서는 컬러푸드를 빠트릴 수가 없다. 내 전공을 살려 조금은 깊이 있게 얘기했는데, 쉽게 말하면 보기 좋은 떡이 먹기도 좋은 것이고 빛깔 좋은 음식이 입맛을 돌게 하는 것이다.

또 하나의 컬러푸드인 블랙푸드는 검정콩이나 깨, 검정 쌀 등이며 활성산소를 제거하는 항산화의 역할을 한다. 흰 쌀밥이야말로 부를 상징하거나 손님 대접을 위한 귀한 음식이었던 때가 있었다. 그러나 거무튀튀한 잡곡밥이 점점 건강을 지키는 주식이 되면서 흰 쌀밥은 점점 현미나 검정 쌀밥으로 대체되었다. 블랙푸드에는 단백질과 비타민 B군, 무기질 함유량이 많아 웰빙시대에 꼭 맞는 식품이다. 블랙푸드 열풍은 단지 주식에서뿐 아니라 다른 식품으로까지 번졌다. 검정콩과 검정깨로 만든 우유 등의 음료, 과자에서 빵에 이르기까지 웰빙을 추구하는 사람들에게 많은 공간을 내주고 있으니까…

색깔이 없는 백색의 설탕과 흰쌀과 밀가루 또는 가공식품이나 인스턴트식품을 즐기는 것은 활성산소와 건강이 싸우는 미로 속에서 길을 잃게 만드는 현대의 사이렌이다. 눈을 행복하게 하는 컬러푸드를 사랑할 수 있도록 혀의 즐거움도 훈련하자. 컬러푸드는 당신의 눈뿐 아니라 피부의 아름다움과 늙지 않는 건강까지 지켜줄 것이다.

1. 항암효과에 탁월한 빨간색, 술과 담배를 좋아하는 사람이면
   토마토를 먹어라.
2. 혈액순환을 도와주는 주황색, 고구마와 당근을 사랑하라.
3. 콜레스테롤을 없애주는 노란색, 술꾼들은 콩나물과 연애하라.
4. 폐와 간의 건강을 책임지는 초록색, 뽀빠이만 시금치 먹는 게 아니다.
5. 면역력을 높여주는 흰색, 무는 생즙으로 먹고 껍질째 먹자.
6. 젊음을 되찾아주는 검은색, 여성이여 울지 말고 우엉을 먹자

나를 사랑하는 내 몸 사용설명서

'두뇌와 신경계'를 젊게 하기 위해선 뇌를 운동시켜야 한다. 그리고 쉬운 방법으로 직장에 매일매일 출근해 하는 일의 순서를 바꿔보라고 제언한다. 출근해서, 커피 한 잔 하고, 신문 읽고, 전자우편 챙기고, 잠깐 쉰 후 고객에게 전화하고, 점심식사 하는 등, 매일 같은 일을 같은 순서대로 하면 기억을 담당하는 해마를 다시는 자극하지 못한다. 일의 순서만 바꿔도 뇌가 펄떡펄떡 살아난다.

－『새로 만든 내 몸 사용 설명서』 중에서

"나도 과거엔 S라인 몸매였어. 나이를 먹으니 어쩔 수 없이 통자 허리가 된 거지~~." 오랜만에 지하철을 탔는데 내 옆에 앉은 50대 후반의 두 중년 여성이 나눈 대화였다. "이 지겨운 뱃살과 허릿살은 우리의 잘못이 아니고 나잇살이라고..." 2주일에 10kg을 감량시켜 준다는 광고에 속아 괜한 생활비 70만 원만 날렸다고 투덜거리는 친구에게 다른 한 명이 한다는 말이, "나잇살이니 그냥 살아야 하는데,

뱃살 때문에 짜증이 난다"는 거였다.

공자孔子는 나이가 들수록 사람은 현명해진다고 했다. 공자는 40대는 모든 것에 미혹되지 않는다고 하여 불혹不惑, 50대에는 인생의 의미를 깨닫는 지천명知天命이라 했고, 60대엔 어떤 내용이라도 순화시켜 받아들이기 때문에 이순耳順이라고 했다. 우리는 나이가 들면서 인생과 삶을 깨달아가고 지혜로운 사고를 하는 반면에 젊음을 잃고 몸의 기력도 점차 잃는다. 어느 순간 튼실했던 남성의 근육이나 여성의 잘록했던 허리는 사라지고 펑퍼짐한 몸매가 나타나게 되는데 많은 사람은 이것을 나잇살이라고 부른다. 그렇다면 나잇살은 노력하지 않은 게으름을 덮기 위한 변명인가? 아니면 피해갈 수 없는 엄연한 사실인가?

나이가 들면서 우리가 자연스럽게 받아들여야 할 몸의 현상들이 있다. 첫 번째, 나이가 들면 기초대사량이 줄어들게 된다. 기본적인 체격 유지와 생명 유지를 위해 소모되는 기초대사량이 30대를 지나면 거의 매년 1%씩 감소한다. 따라서 식사량과 활동량이 일정해도 10년에 3~5kg 정도의 체중이 자연스럽게 증가하는 것은 피할 수 없다. 기초대사량에 영향을 주는 근육량이 줄면 잉여 에너지는 그대로 뱃살과 허릿살로 가기 때문에 자신만의 지속적인 운동이 필요하거나 섭취 열량의 조절이 필요한 것이다. 두 번째, 호르몬의 변화가 나타난다. 나이가 들면서 남성은 남성호르몬의 감소로 몸의 탄력을 잃게 되고 복부의 내장지방이 증가하여 성인병을 유발하기도 한다. 한편 여성은 나이가 들면서 유방의 지방률이 급격하게 저하되고 여성 호르몬의 분비가 줄어들면서 상체 비만이 되기 쉽다. 따라서 대사율이 특히 낮아지는 밤에 음식을 먹는 일은 삼가야 한다.

『내 몸의 바운스를 깨워라』라는 책을 쓴 가수 옥주현은 아주 독하게 자기 몸을 관리한 사례에 속한다. 대한민국 대표 보디 멘토이자 본인을 다이어트 마라토너라 부르며 10년째 다이어트를 꾸준히 실천하고 있는 옥주현은 책에서, "여자의 진짜 미모는 30대에 역전된다. 무조건 마른 몸보다는 품격 있는 몸을 만들기 위한 '30대 맞춤형 다이어트법'을 찾고 싶었다. 안으로는 체력을 기르고 밖으로는 탄력을 채우는 것이 목표였다. 이 두 가지 목표를 만족시킬 수 있는 핵심 운동법이 바로 필라테스와 발레 스트레칭이었다"고 얘기한다. 몇 년 전 옥주현은 한강에서 달밤 체조하는 사진을 자신의 트위터에 올려 관심을 받은 적이 있다. 그때 그녀는 트위터에 이런 얘기를 남겼다. "한강 보광나들목에 산책? 달밤의 운동? 하러 나왔어요. 트윗 식구들 누구 안 계실까? 저 요러고 나왔으니 만나면 인사 나눠요." "전 요즘 식욕과의 전쟁을 한바탕 벌이는 중이에요. 일단 치밀한 계획을 짜야 해요. 습관들이기 계획. 우리 힘내요!" 적어도 옥주현 정도는 되어야 자기 몸을 사랑하며 잘 관리한다고 얘기할 수 있지 않을까.

우리는 자신에게 적합한 내 몸 사용설명서를 만들어야 한다. 다이어트뿐 아니라 건강을 관리하기 위해서는 생활습관과 식습관의 지침이 담긴 내 몸 사용설명서가 꼭 필요하다. 새를 사랑하며 자연 속에서 사셨던 윤무부 선생님도 몇 년 전 뇌졸중으로 쓰러져서 유서까지 써놓았다고 했다. 지금은 뇌졸중을 극복한 후 건강하게 다시 새를 연구하러 다니는데, 그건 본인이 만든 내 몸 사용설명서에 따라 생활하고 있기 때문에 가능한 것이다. 윤무부 선생님은 국물 음식에 많이 들어 있는 나트륨 배출을 위해서 그리고 몸에 나쁜 LDL 콜레스테롤을 뇌혈관에서 제거하기 위해서 미역귀를 먹는다고 했다. 윤 선생님은 우리 일행에게 귀가 큰 미역귀가 최고라며 한 봉에 7,000원이라고 꼼꼼하게 설명까지 해주었다. 라우르 산이 들어 있어서 혈관계 질환에 좋다는 코코넛 오일도 챙겨 먹고 뇌혈관계 질환에 좋은 나름의 운동법도 개발한 윤 선생님은 병실에 입원했을 때도 아줌마 팬의 걱정이 매우 컸다며 당신은 아줌마 팬이 좀 많다고 자랑도 하셨다(^^). 윤무부 선생님은 누군가 나를 사랑하고 있다고 믿는 마음, 그리고 규칙적인 생활습관과 식습관으로 내 몸 사용설명서를 발전시켰다.

월가의 살아 있는 전설인 워런 버핏이 워싱턴 대학 학생들에게 이런 얘기를 했다고 한다. "최대 출력이 400마력인데 실제 100마력밖에 못 내는 자동차를 사는 것보다는 최대 200마력의 자동차를 사서 200마력 전부를 활용하는 편이 현명하다." 우리 몸도 마찬가지다. 중요한 것은 합리성이다. 우리 몸의 능력이 100마력밖에 되지 않는데 400마력의 힘이 필요한 계획은 무리다. 자신에게 맞는 계획을 세우는 것은 아주 중요하다. 매일 헬스풀healthful 선언을 하고 거울을 보자.

식사 조절과 생활습관의 변화로 내 몸 관리를 잘할 수 있다. 건강하기를 바라는 사람은 내 몸 사용설명서를 만들어야 한다. 마당의 잔디밭도 관리를 안 하면 잡초 밭이 되듯이 내 몸도 인내를 가지고 관리를 해야 아름다워질 수 있다. 내 몸 하나를 관리하는데도 이렇듯 체계적인 계획과 인내력이 필요한데, 내 인생 관리는 오죽하겠는가. 내 몸 관리를 잘하는 사람이 인생 관리도 잘하는 법이다. 지금부터 자기만의 내 몸 사용설명서를 정리해보자.

TIP 구체적인 실천방안

1. 주 3회 20분씩 운동하며 심장을 뛰게 하라.
2. 똑바로 서서 복식호흡 하는 것만으로도 복근이 강화된다.
3. 자기만의 노하우를 만들어라. 내 몸 사용도 계획과 실천이 반드시 필요하다.

반칙을 이기는 건 변칙

"원칙으로 적과 대항하고 변칙으로 승리하라."

− 〈손자병법〉

　원칙만 따지는 세상은 재미없다. 그렇다고 반칙이 판을 치는 세상도 불안하다. 그래서 나는 원칙과 반칙 사이에 변칙이라는 조미료가 필요하다고 본다. 너무 고지식하게 살지도 말고 너무 몰상식적으로도 살지 않으려면 우리 삶에 약간의 변칙이 필요하다. 인생에는 공식이 존재하는 듯하지만 공식대로 흘러가지 않는 것이 인생이다. 요리도 레시피대로 했는데 맛이 다르게 나올 때가 있다. 그런데 다르게 나온 그 맛이 더 훌륭할 때도 있다. 변칙이라는 건 융합이나 퓨전이나 통섭 등을 통해 만들어질 수 있다. 서로 어울리지 않는 것을 섞었을 때 뭔가 오묘한 결과가 나온다. 나는 이런 변칙의 과정과 결과가 참 재밌다.

인생은 어차피 변칙투성이다. 손자병법의 36계에도 변칙전술이 많다. 클래식 피아노는 원칙이지만 재즈 피아노는 변칙이다. 창조력은 클래식 피아노보다 재즈 피아노에서 더 나온다. 정석과 원칙에 얽매이면 그만큼 남들과 달라질 기회를 잃게 된다. 변칙스타일의 성공사례로 이 사람을 빼놓을 수 없다. 영화배우였던 이 사람은 감독에게 매번 구박을 받는다. 감독은 다른 배우처럼 정석대로 연기하기를 바랐지만 배우는 자기 스타일을 고집했다. 그는 좌절도 했고 흔들리기도 했지만 끝까지 밀고 나갔다. 지팡이와 콧수염, 턱시도... 그리고 그는 자신만의 독특한 연기법을 개발했다. 마침내 대중들은 그의 연기에 점점 빠져들었다. 그가 바로 그 유명한 찰리 채플린이다. 원칙과 남의 스타일은 그저 참고만 하면 된다. No.1이 되려면 Only 1의 가치를 개발해야 한다. 세상이 예측하지 못하는 나만의 변칙스타일이 있어야 반칙이 난무하는 세상을 뚫고 나갈 새로운 원칙이 만들어진다. '후회하지 말자'가 원칙이라면 '후회 없는 삶을 살자'가 변칙이다. 하늘 아래 영원한 원칙은 없다.

때로는 어른 중에 왜 진실이 통하지 않느냐고 징징대는 사람들이 있다. 프로는 원칙이 통하지 않는다고 징징대지 않는다. 심판의 스타일이 좀 다르다면 그 심판의 스타일을 읽고 플레이를 한다. 심판 앞에 진실과 원칙을 들이밀면 그는 아마추어에 불과하다. 나는 세상 사람들에게 반칙하라고 권하지 않는다. 대신 반칙에 흥분하지 말고 자신만의 변칙스타일을 개발하라고 한다. 그래야 그 반칙이 힘을 잃는다.

다시 나의 전공인 먹는 이야기로 돌아가 보자. 우리나라 사람들은 고기 섭취량도 어중간한데 뇌혈관계 사망률은 암 다음으로 2위다. 왜 그럴까? 고기 식습관에 무언가 잘못된 게 있는 것 같다. 프렌치 패러독스, 차이니스 패러독스 라는 말이 있는데, 고기를 아주 많이 먹는 프랑스 사람들의 혈관계 질환 유발률이 낮아서 살펴보니 식사할 때 함께 먹는 와인이 항산화 기능을 해서 프랑스인들이 건강을 지킨다는 것이었다. 중국인들은 양파를 모든 요리에 다 사용하고 있고 신진대사를 촉진시키는 차를 즐기는 식문화로 심혈관계 사망률을 낮추고 있다. 고기가 맛있다고 고기만 먹어서는 안 된다. 식습관에도 적절한 변칙이 있어야 우리 몸에 무리수가 생기지 않는다.

장사라는 것도 그렇다. 원칙만 가지고 장사했다가는 망하기 쉽다. 우리나라 사람들은 퇴직하고 자영업에 뛰어드는 비율이 높다. 특히 대부분이 외식업을 한다. 여기서 문제가 생긴다. 남들이 다하니까 하는 사람은 왠지 쉬울 것 같으니까 덤벼드는데 대부분 6개월 내에 망한다. 장사라는 건 가장 치열한 생존게임이다. 원칙을 지키면서 망하기보다 약간의 변칙을 쓰더라도 살아남는 게 중요하다. KB경영연구소의 분석에 따르면, 우리나라의 치킨집이 맥도널드의 전 세계 매장 수보다 많다고 한다. 치킨집과 커피전문점은 진입 장벽이 낮아 창업이 쉽다. 그러나 그만큼 경쟁이 심해 폐업하는 가게도 많은 게 현실이다. 그 경쟁에서 살아남으려면 남의 원칙이 아닌 자기만의 생존원칙이 있어야 하고, 남들이 예측하지 못한 변칙스타일이 있어야 한다. 외식업이 쉽지 않은 것은 그게 사람들의 입맛을 다루는 일이기 때문이다. 또한 이 입맛이라는 게 팬을 만들기가 쉽지 않다는 데 문제가 있다.

인간의 의식주 중에서 식食은 바꾸기가 참 힘들다. 엄마의 요리에 길들여진 어느 어른은 늘 엄마 손맛을 찾는다. 피자나 햄버거가 아무리 먹기 편하고 맛있다고 해도 계속 그것만 먹으면 질리는 게 당연하다. 외국에 며칠 나가 있는 한국인은 대부분은 김치나 된장을 그리워한다. 이렇게 고정된 입맛을 어떻게 단골로 만들 수 있을까. 여기서 변칙의 묘수가 필요하다. 요리하는 인류를 뜻하는 '호모 코쿠엔스Homo coquens'는 인류 역사 이래 수많은 요리법을 개발해 왔다. 불의 발명 이후 가장 원시적 요리법인 구워 먹는 것에서부터 가장 변칙적 요리법인 썩혀 먹는 것(?) 등 요리법은 무궁무진하다. 그 요리법에 변칙의 묘수가 있다. 퓨전, 융합, 통섭의 요리법으로 고정된 입맛을 조금씩 바꿀 필요가 있다.

몸은 아픈데, 약이 나쁘다고 끝까지 참는 사람들은 세포를 더 손상시키고 그 결과 질병은 악화되어 나중에 치료 기간만 늘어나게 된다. 그것은 바보 같은 짓이다. 빨리 나아서 일을 하는 것이 현명하다. 그러나 그 전에 자기 몸의 상황을 파악해야 한다. 약으로 해결하는 게 현명하지만 때로는 평소에 먹는 음식만으로도 충분히 해결될 수 있는 질환이 있다. 그런 상식들만 잘 활용해도 내 몸이 즐거워진다. 세상의 변칙스타일 식습관에는 우리가 몰랐던 음식의 다양한 효능으로 대처하는 방법이 있다. 예를 들면 숙취에는 오이 한 개 반을

즙으로 내서 마시면 좋다든가 위장이 약한 사람에게는 밤에 먹는 사과나 땅콩이 별로 좋지 않다든가 하는 상식들을 잘 활용하면, 나쁜 음식에 포위된 우리 몸을 충분히 보호할 수 있을 것이다.

TIP 구체적인 실천방안

1. 세상의 반칙에 대처할 나만의 변칙스타일을 개발하라.
2. 술에 잘 취하는 사람은 변칙적으로 술 한 잔에 물 한 잔을 교대로 마셔라. 알코올이 희석되어 덜 취한다.
3. 술을 못 마셔 포도주를 못 먹는 사람은 100% 포도 주스라도 마셔라.
4. 돼지고기와 겨자는 궁합이 잘 맞는다. 돼지고기 좋아하는 사람의 변칙으로 겨자를 권한다.

스펙의 노예가 아닌 스토리의 창조자가 되라

"경력을 거꾸로 읽어 보세요. 그냥 얻어지는 경력은 없습니다."

– 정철 (카피라이터)

　요즘은 "개천에서 용 안 난다"는 말이 상식화되고 있다. 태생적 출생 한계인 '금수저'라는 말도 돌고 있다. 나는 이렇게 세상이 정해 놓은 상식의 경계가 파괴됐으면 하는 마음이다. 상식과 예측을 뚫고 우뚝 서는 사람들이 많아졌으면 하는 바람이다. 내 인생 자체가 다른 사람들의 상식을 뒤집기 한 인생이기에 나보다 더 화끈하게 인생을 뒤집는 사람이 나타났으면 하는 마음이다. 세상의 상식을 뒤집기 하려면 어떤 체질이 필요할까? 나는 역발상과 끈기를 얘기한다. 해도 해도 안 되면 생각을 뒤집어 보고, 내가 이것만은 꼭 해야 한다고 생각하면 힘든 길이어도 끈기 있게 밀고 나가야 한다. 그냥 지금 있는 자리에서 꾹 참고 있거나 남들이 하던 대로 그 뒤꽁무니를 졸졸 따라다녀서는 절대 개천에서 솟아오르는 용이 될 수 없다.

최근에는 그 열기가 좀 식었지만 예전에는 오디션 프로그램의 열기가 대단했다. 특히 허각이나 백청강 같은 인생역전의 스타는 얼마나 드라마틱했는가. 허각은 환풍기 수리공이었고, 백청강은 조선족 출신이었다. 금수저는 언감생심, 플라스틱 수저 같은 밑바닥 인생이었던 그들이지만 역경을 딛고 정상에 섰다. 이들에게는 스펙이 없고 스토리가 있다. 스펙 대신 자기가 좋아하는 분야의 열정과 재능이 있었고, 그것만으로 세상의 상식을 뒤집는 스토리를 만들었다. 사다리를 밀어내려고만 하는 세상에서 이들의 역전스토리가 좌절하고 체념하는 이 시대의 청춘에게 희망을 준 것은 분명하다.

스펙이라는 건 취업을 앞둔 대학 4학년생들에게는 생존본능 같은 절대적 단어다. 그 단어의 위엄이 너무 커서 심리적으로 압도당할 정도다. 자기가 좋아하는 일을 찾거나 인성과 소양을 키우려는 여유는 스펙이라는 단어의 카리스마에 눌려 기를 못 편다. 꼭 가고 싶은 회사가 있다면 그 회사에 대한 정보를 대학노트 한 권 이상의 분량으로 모아보고 그 회사는 어떤 인재를 원하는지를 파고들어야 하는데, 요즘 청년들은 그런 목표와 집요함이 없이 무작정 스펙만으로 모든 걸 해결하려 한다. 이건 아마도 세상에 대한 두려움 때문이 않을까 생각한다. 두렵기 때문에 스펙이라도 많아야 하는 것이다. 그래서 졸업을 미뤄서라도 스펙을 쌓으려는 잘못된 선택까지 한다. 나는 제자들에게 1학년 때부터 자기가 뭘 좋아하고 어떤 것을 하고 싶은지 목표를 분명히 정하라고 얘기한다. 그런데 가끔 준비와 체질을 갖추지 않은 제자들이 있어 안타깝다. 나는 그 때마다 꼭 자기만의 스토리를 만들어가라고 권한다.

스토리로 인생을 역전시킬 체질은 본인에게 있다. 남 따라 하다가는 남 이상이 될 수 없다. 본인의 장점을 살려 스토리를 만들어야 하고 싶은 것도 하고 좋은 직장에도 들어갈 수 있다. 외국의 아이들을 보면 운동도 자기가 좋아하는 테니스나 골프 딱 한 개를 정해놓고 파고든다. 그런 아이들을 보면 아마추어인데 자기가 정말 좋아서 하는 운동이라 그런지 프로만큼 잘한다. 운동뿐 아니라 봉사활동에도 재미를 느껴 그 활동에서 특별한 것을 배우는 아이들이 있고, 대학은 또 그런 활동을 많이 한 아이들을 뽑는다. 그런데 우리나라 아이들은 어떤가? 모든 걸 다 배우고 모든 과목을 다 잘해야 하니, 자기가 진짜 뭘 좋아하는지 모르고 결국에는 자신의 꿈을 이루는 데 무능해진다. 그래서 스펙에만 의존하고 남들에게 잘 보이려고만 하는가 보다.

더 많이 보고, 읽고, 경험해서 스토리를 쌓아라

어떻게 해야 스펙을 이길 인생역전 스토리를 쌓을 것인가. 나는 자기가 좋아할 만한 것을 찾아 많이 체험하라고 권한다. 그 체험이 피가 되고 살이 되어 자신의 꿈을 향해 거침없이 달려가게 만드는 것이다. 영국으로 배낭여행을 가서 현지에서 온몸으로 대화하며 영어를 해 보는 것도 좋다. 혼자 걸어서 국토를 횡단해본다든가 사진기 하나만 들고 스스로 작가가 되어 한두 달을 여기저기 돌아다니는 경험도 괜찮다. 뭐가 되었든 자기 인생의 자양분이 될 경험치가 많아야 한다. 아르바이트도 할 수 있는 한 많이 하는 게 좋다. 별별 아르바이트의 경험이 결국 자기 인생을 능동적으로 살아가는 데 큰 힘이 된다. 아르바이트를 뛰면서 세상의 부조리를 온몸으로 느끼는 것도 좋다. 이놈의 자본주의 사회가 어떻게 약자를 가지고 노는지 사회적 약자의 위치에서 돈을 벌다 보면 볼 것 안 볼 것 다 보게 된다. 그 경험치는 대기업의 상무나 회장도 해 보지 못한 스펙이다. 나만의 스토리가 세상 유일무이한 스펙이 된다. 그러나 남들이 다 가지고 있는 스펙은 그저 그런 스토리가 될 수밖에 없다. 그저 그런 스펙에 얽매여 살 것인가 아니면 나만의 유일무이한 스토리를 쌓아갈 것인가는 오로지 자신의 선택에 달려 있다.

세상은 화려한 스펙을 보고 감탄하지만 다양한 스토리를 보고는 감동받는다. 세상을 감동시키고 나만의 스타일대로 인생을 살려면 스토리를 많이 만들어야 한다. 글을 쓸 때도 스펙적인 요소들의 결합보다 나만의 이야깃거리가 글을 더 술술 풀리게 한다. 스펙은 남의 이야기지만 스토리는 나의 이야기이기 때문이다. 『스토리가 스펙을 이긴다』를 펴낸 김정태 유엔 거버넌스센터 홍보관은 이렇게 말한다. "최근 채용 시장의 변화는 '스펙의 허구성'을 드러내고 있다. 대부분의 스펙은 짧은 시간 집중적으로 만들어지기 때문에 그만큼 소진도 빠르다. 즉, 스펙은 유효 기간이 짧다. 하지만 스토리는 다르다. 자신만의 역량을 쌓으며 스토리를 만들기까지 오랜 시간이 걸리지만 한번 개발하면 오래간다. 이런 부분을 생각해보면 스펙보다 스토리를 가진 인재가 더 뛰어날 수밖에 없다"라고. 우리, 스펙에 끌려가는 노예가 아니라 스토리를 창조하는 예술가가 되자. 그게 세상을 조금 더 신나게 사는 역전의 묘수는 아닐까 생각해 본다.

> **TIP 구체적인 실천방안**
>
> 1. 사회 경험을 늘려 스토리와 스펙을 겸비하자.
> 2. 목표가 없는 스펙은 허수다. 자기가 무엇이 되고 싶고 무엇을 하고 싶은지 분명한 목표부터 정하라.
> 3. 할 수 있는 한 모든 아르바이트를 다 해봐라. 짧게 하든 길게 하든 그 아르바이트가 생활 전선의 무기가 된다.
> 4. 남들보다 나은 스펙이 아니라 남들과 다른 경험으로 대결하라.

무언가 끌리는 게 있으면 일단 저지르자

"텅 빈 머리는 지식으로 채워야 하고, 텅 빈 가슴은 사랑으로 채워야 한다."
— 깨달음을 얘기하는 어느 좋은 글 중에서

현대인들은 마음이 많이 허하다. 휴대폰 속에 전화번호는 많지만 막상 내 마음을 채워줄 친구를 불러내기가 쉽지 않다. 허한 마음을 드라마나 영화로 달래보려 하지만 역부족이다. 결국 마음이 채워지지 않으니 늦은 시간 야식배달로 몸을 채우려 한다. 해가 져서 먹는 음식은 자기 몸을 불편하게 하는 주범이다. 그런데 오로지 마음의 허함을 달래기 위해서 밤마다 그 주범들을 껴안고 산다. 나는 앞에서 비움을 얘기했다. 비우는 게 먼저 이루어져야 채우는 게 가능하다. 무언가를 채우려 드는 사람은 비우는 행위보다 더 채우려는 행위에 급급하다. 그게 자신을 망친다는 사실을 망각한 채.

우리는 살면서 채움과 비움의 과정을 늘 반복한다. 배고프면 먹어야 한다. 먹지 않으면 기력을 유지할 수 없다. 나도 한 끼를 굶으면 강의할 때 다리가 떨리기도 한다. 기왕 먹고 채워 넣으려 하면 좋은 것들로 채워야 한다. 그래야 내 몸에 좋은 기운이 흐른다. 내가 주로 얘기하는 미들푸드나 컬러푸드 같은 것도 결국은 좋은 것들로 우리 몸을 채우자는 주장 중에 하나다. 채움에서 주의할 것은 남에게 좋다고 자기에게도 반드시 좋은 것은 아니라는 거다. 자기 몸에 맞는 음식은 따로 있다. 자기 체질을 알고 어떤 음식이 좋은지 평소에 알아두어야 건강하고 좋은 에너지를 채울 수 있다.

자기 몸의 건강한 채움은 잘못된 식생활 습관을 버리는 것에서부터 시작된다. 술과 담배와 기름진 음식 등에 길들여진 사람들은 신선한 채소로 방향을 틀어야 한다. 자기 몸을 진정으로 사랑하는 사람이라면 중독이 강한 나쁜 것들로부터 자신을 보호해야 한다. 유대인의 명언 중에 "당신이 먹는 것이 곧 당신 자신이다. You are what you eat"이라는 말이 있다. 이는 어떤 음식을 먹느냐에 따라 우리의 삶이 달라진다는 걸 의미한다. 우리 몸이 활동하기에 필요한 에너지는 매일 섭취하는 음식을 통해서 채워진다. 그러나 어떤 것으로 채우느냐에 따라 암을 키우는 몸이 될 수도 있고 나이 8,90이 되어도 청춘을 유지한 몸이 될 수도 있다.

자연은 채움과 비움을 늘 반복한다. 봄은 새로운 희망으로 대지에 충만한 기운을 채운다. 여름은 그 채움이 절정을 이루고 가을은 그것을 하나둘 비우기 시작한다. 그리고 완전히 비워진 겨울 들녘은 또다시 내년의 새로운 채움을 계획한다. 나는 우리 인생도 이렇듯 채움과 비움의 과정에서 성장해 간다고 생각한다. 몸도 그렇고 마음도 그렇다. 희망을 채우면 욕망을 버리고, 사랑을 채우면 시기와 질투를 버려야 한다.

내가 처음 대학교수 임용지원서를 냈던 때는 내 나이 서른이었고 또 두 번째 대학교수를 하겠다고 지원서를 낸 때는 내 나이 쉰 살이 되던 해 2월이었다. 서른 살에도 주위 사람들이 놀랐고 또 쉰 살에 다시 대학교수를 한다니까 그때도 주변에서는 고개를 저었다. "어린 것이 뭘 해?"라는 남들의 선입견을 깨고 나는 서른 살에 정말 혈기왕성한 에너지를 가진 교수가 되어 학교를 위해서 그리고 학생을 위해서 그 무엇도 다 할 거 같은 열정을 쏟았다. 그 당시의 내 마음은 오직 제자와 동료들로 가득 채워져 있었다. 쉰 살에는 "야 50 먹은 여자, 그것도 경력이 빵빵한 너를 어느 학과에서 신임교수로 채용하겠냐? 학과 교수들이 안 뽑을걸~~." 그렇게 말했던 분이 내가 좋아하는, 상명대학교의 이진실 선배였다. "그래요? 나를 뽑으면 그 학교 행운 아니에요?"라며 너스레 떨던 나에게 "그건 맞다"며 선배는 웃어줬는데, 내 선배의 상식을 깨 준 대학교가 내가 지금 재직하고 있는 장안대학교다. 그래서 나는 고마움과 애착으로 장안대학교의 제자와 학교에 대한 열정을 채우며 살고 있다. 인생에서 비우고 뒤집기를 하는 동안 가슴이 찢어지게 아팠던 적도 있었고 우울증으로 잠이 오지 않아 괴로웠던 적도 있었다. 그러나 결국 나는 비웠고 다시 채우기 위해 오뚝이처럼 일어나서 언제나 최선을 다했다.

사람은 절대 머리로만 인생 정답을 찾을 수 없다. 내가 무엇을 잘하고 무엇을 못하는지는 저질러 봐야 안다. 내 전공답게 얘기한다면 맛을 봐야 아는 것이다. 아무리 좋은 음식도 눈으로 봐서는 알 수 없다. 인생 선배들이 얘기하듯이 누구에게나 기회는 온다. 나의 꿈을 채울 그 기회들 앞에서 주저하면 안 된다. 설사 그 기회가 나를 더 어렵게 만드는 선택이라 할지라도 우리는 그 선택을 받아들이고 그 기회가 가르쳐 주는 소리에 집중해야 한다.

좋은 채움은 좋은 선택에서 비롯된다. 우리는 우리 자신을 위해 어떤 선택을 하고 있는가. 자신의 선택과 자신의 습관을 되돌아볼 필요가 있다. 되돌아보면 나쁜 습관이 보이고 나쁜 채움의 독성이 보인다. 내 몸 사용설명서의 정답은 다른 사람이 가지고 있지 않다. 내 몸이 정답이고 내 마음이 정답이고 내 선택이 정답이다.

한 설문조사에서 지난 일주일 동안 자신이 한 행동에 대한 후회 (53%)가, 안 한 행동에 대한 후회(47%)보다 높게 나왔다. 반면 삶 전체를 대상으로 했을 때는 안 한 행동에 대한 후회가 84%로 행동에 대한 후회 16%보다 압도적으로 높았다. 나는 해보고 후회하는 게 좋다고 생각한다. 무언가 끌리는 게 있으면 저지르는 게 좋다. 정말 하고 싶은데 안 해본 일이 있다면 그 일에 자신의 열정을 채워 저지르고 도전해보라. 그래야 후회 없는 인생을 산다.

세상에 이름을 꽤 알린 유명한 사람들은 후회하지 말고 무언가 저지르라고 얘기한다. 후회는 해 보았자 소용없다는 말이 있지만, 후회한다고 이미 늦은 것은 아니다(톨스토이). 한때 자신을 미소 짓게 했던 것에 대해 후회하지 마라(엠버 에커스). 경험을 현명하게 사용한다면 어떤 일도 시간 낭비는 아니다(로댕). 후회란 우리가 우리 자신의 본모습에 대하여 커다란 비애를 느끼는 것이다(엠버 에커스). 더욱이 후회가 꿈을 대신하는 순간부터 우리는 늙기 시작한다(지미 카터)…

TIP 구체적인 실천방안

1. 법정 스님의 무소유는 불필요한 것을 가지지 않는 것을 의미한다.
2. 최대한 단순하게 제철음식을 통째로 먹는 게 좋다.
3. 인생 채움, 내가 안 해본 것 중에 꼭 해보고 싶은 목록을 작성하라.

Chapter
4

단맛 인생

달달한 내 삶이 좋다

두뇌도 다이어트가 필요하다는 걸 알았다.
하루 종일 걱정을 너무 많이 하기에
걱정도 감량이 필요하다는 걸 깨달았다.

내 입맛에 당기는 음식이 생각난다.
근데 몸 생각해서 참는다.
그 원칙을 깨부쉈다.
그랬더니 내 몸을 즐겁게 하는
달달한 인생이 찾아왔다.

억지로 만들어가는 행복이 아닌
내 입맛에 맞는 행복이 보였다.
남들의 강요가 아닌
내 자발적인 기다림이 즐거웠다.

쓰디쓴 아픔을 제대로 겪었기에
단맛이 더 달게 느껴졌다.
인생은 늘 고진감래의 반복이라는
아주 평범한 진리를
많이 아프고, 많이 다치고 나서야 알게 되었다.

전형주 교수의
맛있는 **인생**, 멋있는 **변화**

인생味인

문명이 내 몸을 망치는 것 같아

"소유하는 물질과 정보도 훨씬 많고, 에너지도 먹을 것도 넘칠 정도로 소비하고 있
으면서 30년 전의 어버이들이 아이들에게 주었던 정도의 행복감을 우리는 우리 아
이들에게 나눠주지 못하고 있는 것은 아닌지..."

– 후쿠오카 켄세이

우리는 엄청난 문명의 혜택 속에서 살고 있다. TV나 컴퓨터를 켜
면 알고 싶은 정보뿐만 아니라 몰라도 되는 정보들이 쏟아져 들어온
다. 정보를 취득하는 건 쉬워졌지만 그만큼 취사선택해야 할 과정은
복잡해졌다. 자동차를 타고 출근하다 보니 걷는 횟수가 줄어든다.
걷는 것만 잘 해도 다이어트 효과가 높은데 그 좋은 효과를 문명의
이기를 이용하면서 버리게 된 셈이다. 스마트폰과 아이패드를 자주
접하다 보니 눈도 안 좋아진다. 문명으로부터 내 눈이 혹사당하니
가끔 자연의 녹색이 그리워질 때도 있다. 새로운 문명 하나가 우리

곁에 다가오면 우리에게 있던 무엇인가가 다시 빠져나간다. 난 그래서 현대문명의 편안함을 의심하기 시작했다. 편안하다고 편안한 게 아니었다. 편안함을 추구하면서 우리 몸의 올바른 기능들이 퇴화해 가는 느낌을 받았다. 그냥 시골에서 옛날식으로 사는 게 오히려 우리를 더 건강하고 행복하게 할 수 있다는 생각이 들었다. 옛날의 아날로그 방식이 우리 몸을 더 건강하게 한다는 걸 깨달았다. 나는 요즘 여자들에게 살을 빼려면 독하게 빼야 하고, 기왕 마음먹었으면 약을 먹든 주사를 맞든 공격적인 방법을 취하라고 한다. 그런데 그에 앞서서 만약 가능하다면 자기 몸에 불편함을 주라고도 한다. 조금 더 걷고 조금 더 땀을 흘리면서 내 몸에 근육을 움직이게 하는 게 결국은 다이어트에 효과도 높다. 문명에 대한 의존을 줄이면 내 몸에 놀랍고 기분 좋은 변화가 온다.

TV를 버리고 휴대폰을 잠시 꺼두자

습관적으로 TV를 켠다. 안 봐도 될 충격적인 뉴스가 내가 방어할 틈도 없이 내 머릿속으로 들어온다. TV를 켜는 순간 가족 간의 대화는 사라진다. 온 가족이 같은 자세로 소파에 앉아 TV가 떠들어 대는 소리와 영상에 정신을 빼앗긴다. 그저 멍하니 TV의 노예가 된다. 이렇게 습관적으로 멍하게 TV를 보다 보면 우리 몸의 무언가가 퇴보할 것이다. 우리 집은 거실에 TV가 없고 아들이 고등학교 때 봉사활동 갔던 사진들로 꽉 채워져 있다. 집에 들어서면 바로 보이는 아들의 모습과 봉사활동에서 만났던 천진한 아이들의 웃음이 담긴 그 사진들이 나를 기분 좋게 한다. 나는 TV를 방에 놓고 쉴 때만 가끔 본다. 나는 카톡도 페북도 알람을 받지 않는다. 단체 카톡방이 생긴 이후로 그 알람이 나를 깜짝깜짝 놀라게 해서 무음으로 다 바꾸어 놓았다. 그 후 가끔 답이 늦어서 뒷북을 친다고 욕을 먹기는 하지만 그냥 시간이 날 때 확인을 하는 게 나를 더 편하게 한다. TV, 휴대폰, 컴퓨터... 우리 일상에 아주 깊숙이 자리 잡고 있는 이놈들을 잠시 버려둬야 한다. 우린 그동안 노예처럼 이놈들에게 중독되어 살아왔다. 인간성 회복을 위해서라도 이런 문명의 이기들과 수시로 헤어져야 한다. 그래야 온전한 삶의 가치가 내게로 오지 않을까 생각한다.

조금 불편하면 조금 더 건강해진다

TV, 휴대폰이 없다고 우린 죽지 않는다. 다만 조금 불편할 뿐이며 사실 따지고 보면 그렇게 불편하지도 않다. 걸려오는 전화가 없으면 오히려 정신이 고요해지고 평화로워질 수 있다. TV를 안 보면 책을 손에 들게 되고 그러면 오히려 생각의 깊이가 능동적으로 깊어지고, 새로운 깨달음의 세계가 우리 눈앞에 펼쳐질 수도 있다. 지식은 높아지고 지혜는 깊어진다. 몸이 편하기 위해 기계를 사용한다. 하지만 몸이 편해지는 순간 우리 몸은 병을 초대한다. 용불용설이라고, 내 몸의 모든 기능은 자꾸 써야 퇴보하지 않는다. 하지만 기계문명으로 대체된 내 몸의 기능은 용도가 축소되어 몸은 자꾸 아프고 둔해진다. 다이어트를 하는 사람들이 열량 소모를 하기 위하여 스스로 걷고 움직여야 하는데 바이브레이터(진동기) 위에 그냥 서서 에너지 소모를 한다. 지방연소는 스스로 걷고 근육을 움직여야 가능한 것인데, 조금이라도 편하려고 그렇게 공간에 갇혀 운동하는 건 진정으로 자기 몸을 사랑하는 방법이 아니다. 몸은 조금 불편함을 겪어야 편해진다. 조금 불편해 보이는 듯하지만 실상은 그런 자발적 불편이 우리 몸을 건강하게 한다는 사실을 깨달아야 한다. 지속 가능한 미래는 더욱더 발달한 기계 문명 속에 있는 것이 아니라 이런 자발적 불편 속에 있다는 걸 알아야 한다.

농사도 편하게 대량 생산을 하려고 농약을 치고 기계에 의존한다. 하지만 그렇게 생산된 농작물이 썩 건강하지는 않다. 옛날 방식대로 냄새나는 퇴비로 땅을 기름지게 하고 농약 대신 물엿이나 대체물로 벌레를 막으면 말 그대로 무농약 농작물이 우리 식탁에 올라올 수 있다. 어쩌면 벌레가 조금 먹은 농작물이 더 싱싱하고 좋을 수 있다. 벌레 먹은 부분만 도려내고 먹으면 되는데 우리는 미관상 안 좋다고 선뜻 벌레 먹은 농작물을 먹으려 하지 않는다. 보기에 불편하니 먹기에도 불편하다고 생각하는 거다. 사실은 그게 더 건강에 좋은 것인데.

우리 편하게만 살려고 하지 말자. 조금은 불편함을 감수해야 내 몸도 건강해지고 이 사회도 지속 가능한 미래가 된다. 음식물 쓰레기로 퇴비를 만들어 땅으로 돌려보내자. 냄새나고 불편해도 그게 우리를 건강하게 한다. 자발적인 불편함 속에 우리의 건강한 미래가 있다는 걸 꼭 알아주었으면 한다.

내 두뇌를 다이어트하는 방법

"우리 몸에는 완벽한 약국이 있다.

우리는 어떤 병도 치유할 수 있는 강력한 약을 가지고 있다.

그것은 웃음이다."

– 노먼 커즌스

평생을 젊게 영원히 살고 싶었던 진시황은 불로원정단을 만들어 불로초를 구해오라고 했다. 하지만 끝내 어디에도 불로초는 없었다. '영원할 것 같은 내가 늙었다'며 자연의 섭리를 받아들이는 순간은 누구에게나 온다. 단 노화를 거부하는 건강한 모습으로 아름다운 삶을 사는 사람들이 있다. 그중 한 사람은 김홍신. 그의 건강과 한결같은 날씬한 체형의 비결은 무엇일까? 아마 두뇌에서 분비되는 세로토닌Serotonin 다이어트 덕분일 것이다.

언젠가부터 '안티에이징Anti-aging'이란 말이 우리 생활에 익숙하게 자리 잡았다. 직역하자면 '나이를 반대한다'는 이 말은 최근 시간을 거스르고 젊음을 유지하는 방법을 아우르는 용어가 되었다. 인간은 성장을 마치면 그 이후부터 몸의 생물학적 기능과 스트레스에 대한 적응 능력이 감소하는데 이러한 것들을 통틀어 '노화'라고 한다. 그리고 세포는 퇴화하므로 외관상 노화뿐 아니라 몸의 염증세포들이 증가하면서 살이 찌고, 몸이 아프고… 또 호르몬 분비와 체내 대사를 위한 효소의 균형이 깨지면서 비만세포의 크기도 커진다.

식욕은 시상하부Hypothalamus의 만복중추Satiety center와 섭식중추Feeding Center에 의해 조절된다. 배가 고프면 섭식중추의 명령에 의해 음식을 섭취하는데, 그러다가 포만감이 느껴지면 만복중추가 더 먹지 말라는 명령을 보내게 된다. 이렇게 두 중추기능에 의하여 식욕이 컨트롤되는데도 불구하고 비만이 될 정도로 계속 먹는 일은 왜 생길까? 그것은 과거에 과식했던 잘못된 식습관과 함께 심리적인 문제에서 기인한다. 스트레스 호르몬 코티솔Cortisol은 섭식중추가 자극되듯이 음식을 요구하여 지방을 축적하고, 행복 호르몬 세로토닌은 식욕을 조절할 수 있게 한다. 즉 웃으며 살 수 있는 삶, '날마다 하늘만큼 환히 웃으소서'라는 김홍신 선생님의 메시지야말로 두뇌 다이어트의 비결인 것이다. 김홍신 선생님은 욕심을 버리고 스트레스를 줄이면서 세상사를 이해하는 삶을 사는 듯하고, 그렇게 웃는 덕분에 건강한 다이어트에 성공할 수 있다고 한다.

심리학의 대가인 매슬로Abraham H. Maslow는 인간의 욕구를 5단계로 분류했는데, 1단계는 식욕, 성욕, 수면욕의 생리적인 욕구이고, 2단계는 안전에 대한 욕구, 3단계는 소속감과 사랑에 대한 욕구, 4단계는 자아존중의 욕구 그리고 5단계는 자아실현의 욕구라고 했다. 김홍신 선생님은 글을 통해 마음을 다스리는 법과 행복을 이야기했고, 또 많은 강연을 통해 단 한 번뿐인 삶을 후회 없이 사는 방법을 이야기하곤 했다. 김홍신 선생님은 온 힘을 다해 글을 쓰며 대중을 사랑하는 강연으로 자아실현의 욕구를 충족시키고, 거기서 박수와 환호를 받는다. 그러한 행복은 뇌에 자극을 주어 기쁨을 느낄 때 생성되는 호르몬인 세로토닌을 분비하게 할 것이다. 결국, 두뇌 다이어트에 성공적인 삶을 사는 것이다.

우리에게는 자신을 사랑하며 믿는 마인드 컨트롤도 건강을 지키는 지름길이 된다. 행복 호르몬 '세로토닌'은 내측 시상하부 중추에 존재하는 신경전달물질로서 이것이 부족하면 우울함을 느낀다. 작은 행복과 자기 자신을 믿고 사랑하는 자아존중을 통해 똑똑한 뇌가 만들어져서 다이어트와 건강을 성공으로 이끄는 것이다. 따라서 사람에게는 '반드시 기필코 성공할 수 있다'고 믿는 자기세뇌가, '실패가 두려워서 무조건 참아야 한다'는 강박관념보다 더 매사에 성공할 수 있는 지름길인 것이다. 뇌가 긍정을 받아들이고 뇌의 변화를 신체가 받아들이기 때문에 실제로 더 건강해질 수 있다.

좋은 생활 습관의 첫 번째는 '긍정의 마음'이다. 일상에서 웃고 햇

살에 감사하면서 걷고 하루를 마치면 푹 자고 또 아침을 맞으며 작은 행복을 느낄 때, 세로토닌이 많이 분비된다. '이 시대를 살면서 어떻게 긍정적일 수 있느냐?'면서 또 스트레스를 받았다면 김홍신 선생님처럼 툴툴 털어버리자. 노화를 거부하는 아름다움을 위하여 김홍신 선생님의 인생사용설명서에 따라 크게 웃어보자. "날마다 하늘만큼 환히 웃으소서~~~."

TIP 구체적인 실천방안

1. 아주 사소한 일에도 기쁨을 느끼며 자주 웃자.
2. 사람을 빵 터지게 하는 유머 소재 5~6개는 알고 있어야 한다.
3. 하루에 한 번이라도 잠들기 전에 나를 보며 웃자.

자뻑의 면역세포를 드립니다

"모든 삶이란 끊임없이 계속되는
자기애의 거대한 작동이다."

– 라 로슈푸코

   난 사람으로 태어났으면 즐겁게 살다 가는 게 가장 잘 사는 방법
이라 생각한다. 대통령이 되었든 노숙자가 되었든 그 인생이 즐겁지
않으면 실패한 인생이다. 선물처럼 주어진 인생을 왜 한숨과 울음과
자학으로 낭비하려 하는가. '난 왜 이렇게 못났을까'라는 말보다 '나
는 왜 이렇게 잘난 게 많지'라고 억지로라도 칭찬하고 위안으로 삼
는 게 정신 건강에 좋다. 자기 자신을 인정하지 않으면 세상도 자기
를 인정하지 않는 법이다. 자존심을 조금 세우고, 어깨를 조금 올리
고 걸음도 좀 당당하게 걷자. 그런 기본적인 자세만으로도 세상 앞
에 당당해질 수 있다. 자학이 나를 괴롭히고 갉아먹으려 할 때 자뻑

이라는 대항마로 그들을 물리쳐야 한다. 예전에 〈놀러와〉라는 프로그램에 이적이라는 가수가 나와 이런 말을 했다. '산다는 것은 자학과 자뻑의 연속'이라고. 자학만 일방적으로 내 몸과 정신에 자리 잡게 해서는 안 된다. 자뻑이라는 면역세포를 키워서 자꾸 나를 작고 왜소하게 만드는 자학을 몰아내야 한다. 그래야 내 정신과 내 일상이 건강하고 균형 있게 살아갈 수 있다.

내가 제일 잘나가

요즘 들으면 들을수록 기분이 좋은 자뻑송이 있다. 인기 걸그룹 2NE1이 부른 〈내가 제일 잘나가〉가 그 노래다. 이 노래는 나올 때부터 히트할 것 같았다. 제목이 참 단순하고 입에 착 감겼기 때문이다. 어린아이들 사이에도 인기를 끌 것 같았는데 아니나 다를까. 우리 학생들도 이 노래를 입에 달고 다닐 정도였다. 가사 일부를 보자. "내가 제일 잘나가~~ 누가 봐도 내가 좀 죽여주잖아 alright, 둘째 가라면 이 몸이 서럽잖아 alright~" 이 얼마나 당당한가. 설사 그렇게 잘나가지 않더라도 이 노래를 부르다 보면 자신감도 생길 것 같다. 사람을 자꾸 비교하려 들고, 위축되게 만드는 세상에서 좀 더 당당하게 살아가려면 이런 노래라도 부르면서 자신의 감정을 추슬러야 한다. 요즘 노래들을 보면 가히 자뻑송의 전성시대인 느낌이다. 그만큼 움츠린 사람들이 많다는 얘기다. 원더걸스는 〈소 핫〉(So hot)이라는 노래에서 자기가 너무 잘나 피곤하다고 하소연을 한다. 최근 현아라는 가수는 〈잘나가서 그래〉라고 자기 잘난 맛에 취해 있다. 예전에 이효리도 〈천하무적 이효리〉라는 제목에서부터 충만한 자뻑정신을 보여준 바 있다. 주얼리의 서인영은 "요즘엔 내가 대세"라는 후렴구를 반복하고 그것도 모자라 "넋이 나간 녀석들은 침을 흘리고 너무 웃기고 하하하하"라며 자아도취에 푹 빠져 있다. 대단한 자뻑들이다. 자뻑도 심하면 따돌림을 당한다. 하지만 이 정도 노래는 애교 수준으로 봐줄 수 있지 않을까. 이런 노래들을 부르며 자학의 악성 세포들을 몰아내는 것도 한 방법이 아닐까 생각한다. 학생들은 학교 가기 전에, 직장인들은 출근 전에, 주부들은 하루를 시작하기 전에 이런 노래들을 흥얼거리며 거울을 한번 보자. 그리고 거울 속의 자기 자신에게 '너 뜻밖에 멋있어'라고 자뻑 칭찬을 날리자. 자기 자신을 칭찬하지 않는데 어떻게 세상이 당신을 칭찬하기 바라겠는가. 아침 시작부터 자기를 칭찬하고 자뻑의 에너지를 충만하게 하면 분명 세상 살아갈 자신감도 차오를 것이다.

자기를 달래고 위로하며 살자

우리나라 자살률이 OECD 국가 중에서 상위권이라는 보고가 있다. 참 씁쓸한 이야기다. 자살하는 사람도 대부분 젊은 친구들이 많다. 그 꽃다운 나이를 왜 버리는가. 교통사고 사망자보다 자살 사망자가 더 많은 나라. 왜 이렇게 대한민국은 우울해졌을까. 세상이 참 살기 힘들어졌다는 것도 인정한다. 정치권이 문제라는 점도 공감한다. 아무리 그래도 생명까지 버려서야 되겠는가. 인터넷 검색에 자살예방을 치면 꽤 많은 사이트가 뜬다. 그만큼 자살하는 사람이 많기에 예방하려는 사람도 많은 것이다. 요즘 아이들은 자뻑의 면역세포가 약한 듯싶다. 공부에 시달리고 폭력에 시달리다 이를 못 견뎌 자살하는 친구들이 참 많다. 어떻게 부여받은 생명인데 그렇게 쉽게 자신을 던지는가. 무위당 장일순 선생이 이런 말을 했다. "아무리 훌륭하게 보이는 것도 죽어 있으면 살아 있는 풀에 미치지 못한다. 죽으면 아무 소용이 없다. 자기를 달래고 위로하면서 살아야 한다." 자뻑은 자기 자신에게 살아가는 용기를 주는 연습이고 세상에 의연하게 대처할 힘을 준다. 풀이 자학을 하면서 자살을 하는가. 부디 풀보다 못한 인생을 살지 말자. 그러려면 자기 몸속에 자뻑의 면역세포를 많이 키워야 한다.

자학은 극도의 우울증과 신경과민과 스트레스에서 비롯된다. 세상이 자기를 못 받아준다는 착각이 자학을 부른다. 그 자학이 심해지면 자살로 간다. 그런 사람에게 가장 필요한 말은 "네 잘못이 아니야"라고 위로해주는 사회의 배려다. 그러나 우리 사회는 그렇게 배려해줄 정도로 성숙하고 건강한 사회는 아직 아닌 듯하다. 그래서 더 안타깝고 그래서 더 이 글을 많은 분들께 읽히게 하고 싶다. 분명히 말하건대 자학보다는 자뻑이 건강에 좋다. 질책보다는 격려가 에너지가 된다. 나나 당신은 뜻밖에 잘난 구석이 많다. 지금 세상에 보여준 건 손톱의 때만큼도 안 된다. 아직도 보여줄 게 많기에 내일이 더 기대된다. 사실 나도 재밌게 놀며 즐기는 것에 익숙하지 못하지만 내가 하는 일 자체에서는 행복을 느낀다. 그래서 나름 잘 살고 있는 인생이라고 생각한다. 움츠리지 말라고 자기 잘난 건 하나둘 세상에 보여주면서 살라고 난 우울증에 빠진 대한민국에 감히 자뻑을 권해본다. 자학하지 말고 자살하지 말고 차라리 자뻑하라. 자신을 망치는 거보다 자신을 세우는 게 더 재밌고 유익한 인생이다.

 구체적인 실천방안

1. 한 달에 하루, 자뻑의 날을 만들어라.
2. 자신을 칭찬하는 칭찬 노트를 만드는 것도 해볼 만하다.
3. 긍정적인 가사의 노래들을 즐겨 불러라.
   예를 들면 오석준의 〈웃어요〉 같은.

사랑은 멘탈 다이어트의 최우선 순위

꽃은 아무리 어여뻐도 질 때는 추하게 마련입니다.

그러나 사람은 질 때가 훨씬 아름다울 수 있습니다.

아름답게 지는 사람의 특성은 곧 사랑과 베풂입니다.

'사람답다'는 말은 배려, 사랑, 용서, 베풂을 뜻합니다.

— 김홍신의 『인생사용설명서』 중에서

여의도 당사 앞에서 1인 시위를 하는 한 남성이 '각성하라'는 피켓을 든 채 책을 읽고 있었는데, 그 책이 김홍신 선생님의 소설 『단 한 번의 사랑』이었다면서 동생이 전화했다. '시위와 사랑', 그 장면을 보고 온 뒤 그 인상적인 모습이 계속 머리에 남는다고... '다이어트는 무조건 한약'이라고 억지 주장을 하는 동생에게 나는, 여의도의 여운과 가슴 울림으로 『단 한 번의 사랑』을 읽는다면 한의원에 갈 필요가 없을 것이라고 했다.

사랑은 멘탈 다이어트의 우선순위에 있다. 멘탈 다이어트는 스트레스를 없애고 행복 호르몬을 만들어서 살찌는 두려움에서 자신을 해방시키는 것이다. 쉽게 설명하면, 억지로 하지 않고 하고 싶은 것을 마음대로 하는 '의식과 무의식을 지배하는 다이어트'인 것이다. 자율 훈련법을 익혀 잠재의식을 바꾸면 식욕은 자연스럽게 억제되고 요요현상도 일어나지 않는다. 즉 즐길 수 있는 것을 선택하여 습관으로 만들면 다이어트는 성공한다. 그리고 거기서 일상의 자연스러운 변화가 만들어진다.

사랑 다이어트나 남녀의 애절한 사랑이 아니더라도, 자신에게 "사랑했느냐"고 물었을 때 주변의 그 누구를 "진심으로 사랑했다"라고 말할 수 있다면 성공 다이어트의 길에 있는 것이다. 사랑한다면 가슴이 두근거리거나 기분 좋은 설렘을 느끼게 되어서 도파민과 엔돌핀 같은 호르몬이 분비된다. 사랑하는 여성이 예뻐진다는 속설은 거짓이 아닌 사실이다. 사랑하면 도파민과 β-엔돌핀의 분비가 왕성해지면서 자율신경이 활성화된다. 혈액순환이 좋아지고 피부의 생동감과 미소가 생긴다. 또한 사랑하면서 작은 행복을 느끼고, 감정과 욕구를 조절하는 세로토닌이 활발하게 분비된다. 즉 사랑의 감정을 느끼면서 사랑하는 사람과 걷는 것만으로도 멘탈의 변화가 일어나는 것이다.

체내에서 분비되는 호르몬들은 몸에 적당한 긴장감을 주면서 기쁜 마음으로 생활하도록 돕기 때문에 몸의 활동량을 많게 하면서 지방 연소를 유도하게 된다. 반대로 사랑을 잃었을 때는 우울해지면서 혈중 코티솔 분비가 증가하고 스트레스로 인해 신체 대사량이 감소하면서 살찌는 체질로 바뀌는 악순환이 진행된다. 프랑스 소설가인 스탕달이 "사랑에는 단 한 가지 법칙밖에 없다. 그것은 사랑하는 사람을 행복하게 만드는 것이다"라고 했다. 이처럼 사랑과 행복은 우리의 일상에서 모든 것을 이롭게 하는 동시에 덤으로 다이어트까지 성공시킬 수 있는 명약 중의 명약이다.

억지 다이어트를 하면 먹고 싶은 것을 참아야 하고 하기 싫은 운동도 계속해야 한다. 그 과정에서 피로물질이 생성되고 스트레스만 쌓여 불안감과 함께 멘탈의 붕괴가 유발된다. 다이어트를 하면서 우울증에 빠지는 일이 사실 비만보다 훨씬 더 심각한 것이다. 사랑과 행복의 멘탈 다이어트는 강박관념이 없는 편안함의 상태를 의식과 무의식의 교차로 이루는 것이다. 의식적으로 안 먹으려고 하면 너무 힘들기 때문에 반대로 생각을 해야 한다. 의식적으로 '먹고 싶다'고 하되 무의식적으로 자아존중과 자아효능감을 증진하면 식욕을 조절할 수 있다.

사랑하고 싶은 계절이 와서 누가 "네 삶이 아름다웠냐"고 물으면 기쁘게 대답할 수 있도록 당신의 삶을 사랑으로 넘치게 하라. 사랑할 줄 아는 고차원적인 욕구로 진·선·미를 추구하는 아름다운 삶이 될 때 우리의 건강과 성공 다이어트가 따라올 것이다. 인생에서 거부할 수 없는 운명적 사랑을 오랜 시간 꾹꾹 눌러 원고지에 써내려갔던 김홍신 선생님! 그 아름다움을 글 속에서 바라보는 것으로 행복했던 내가 '올바른 다이어트' 대신 '사랑의 귀함'을 말하고 싶은 오늘이다.

TIP **구체적인 실천방안**

1. 다양한 사람을 만나라. 그리고 사람을 사랑하라.
   거기서 다이어트는 시작된다.
2. 연애하면 삶의 새로운 에너지가 샘솟는다.
3. 개인적인 사랑과 함께 사회적인 사랑도 하라.
   나누고 베풀고 봉사하다 보면 살이 저절로 빠진다.

잘 노는 방법도 배워야 할 것 같아

"일만 알고 휴식을 모르는 사람은
브레이크가 없는 자동차와 같이 위험하기 짝이 없다."

– 자동차 왕 헨리 포드

재미학의 대가인 김정운 교수의 『노는 만큼 성공한다』라는 책 내용이 참 흥미롭다. 이 분은 한국이라는 나라가 놀 줄 몰라서 망할지 모른다고 주장한다. 제대로 놀지 않으면 제2의 IMF 위기가 찾아올지 모른다고 경고한다. 이 책에 나오는 재밌는 이야기 한 꼭지가 있어서 그대로 옮겨 본다.

우리는 모두 잘 먹고 잘살고 싶어 한다. 그러나 우리는 못마땅하면 이렇게 욕한다.

"에이, 잘 먹고 잘살아라."

우리는 모두 재미있게 놀려고 열심히 일한다. 그러나 우리는 못마 땅한 그들에게 또 이렇게 욕한다,

"놀고 있네!"

일과 놀이의 영역을 허물자

참 아이러니한 사회다. 재밌게 놀면서 잘 먹고 잘사는 게 그렇게 눈치 보이는 일인가. 평생 일만 열심히 하고 돈만 많이 번다고 남는 게 무엇인가. 자기가 하고 싶은 걸 다 하지도 못하고 인생을 마감하 는 게 대부분이다. 그렇다면 지금부터라도 재밌는 일, 하고 싶은 일 을 찾아서 하루하루를 알차게 보내야 하지 않을까. 너무나 가난했던 우리 부모님들은 코피를 쏟아가며 세계가 200년 만에 이룰 압축 성 장을 50년 만에 해냈다. 대단한 일이고 분명 존경해야 한다. 하지만 지금은 그때와 다르다. 이젠 압축 성장이 아니라 질적 성장을 이루어 야 하는 시기다. 그렇기에 일만 하는 것보다 적당한 재충전과 휴식이 오히려 더 높은 생산성을 달성하는 것이다. 일만 열심히 하는 시대는 지났다. 이제는 일이 놀이고, 놀이가 일이 되는 시대다. 일과 놀이의 영역이 허물어져야 창의성도 높아진다. 골프여왕 박세리가 아버지에 게 이렇게 항의한다. 다른 건 다 가르쳐 놓고 왜 쉬는 법은 가르쳐 주 지 않았느냐고. 우리는 일 잘하는 방법만큼 쉬는 방법과 노는 방법도 배워야 한다. 그래야 일도 잘하고 돈도 더 많이 벌 수 있다.

나는 결과물이 있는 놀이를 즐긴다

나는 일하는 시간이 다른 동료들에 비하여 좀 많은 것 같다. "일하기 싫어." 그 말을 입에 달고 사는데 실제론 일하는 시간이 더 많다. 83학번 내 동기들의 모임에는 밴드, 산악반, 독서, 사진 등 열 개도 넘는 종류의 동아리가 있는데 정말 부러울 만큼 즐겁게 함께 시간을 즐긴다. 나는 참여를 못 했지만 얼마나 좋아 보이는지 모른다. 자녀도 다 키웠고 일에서 안정도 되었고 편안한 친구들과 만나서 지내는 행복감이 정말 큰 거 같다.

내가 노는 건 좋은 분들과 수다를 떠는 것, 그리고 가끔 토크콘서트나 가요콘서트 또는 강연회를 가서 그 시간 속에 빠져드는 것, 그리고 TV에서 프로야구나 스포츠 경기를 보는 것 정도다. 이삼 년간 쉬었지만 노래와 음악이 있는 에어로빅장에서의 운동도 한때는 나에게 노는 것이기도 했다. 또 다른 패턴을 준비하고 배우는 것이 좋아서 나는 피부미용 전공 박사학위를 하나 더 받았는데, 동료들은 식품영양학 박사가 학교는 왜 또 다니냐며 물었지만, 나는 늦은 학생 신분으로 그렇게 나만의 열정을 불사르는 게 좋았고 그게 변형된 놀이였던 거 같았다. 사람마다 노는 것이 좀 다른 것인지 아니면 내가 좀 이상한 사람인지 모르겠다. 내게 맞는 그 과정이 신선하고 내 몸속에 노는 것으로 새로운 에너지를 솟구치게 할 때가 많다. 나는 움직이고 흘러가는 것을 추구하는가 보다. 몸이 좀 쉬고 싶어도 정체되어 있으면 변화를 만들 수 없으니까 그런 거 아닐까? 그러다가 가끔 멍 때리고 가만히 쉬는 시간은 꼭 필요하다. 그것이 나에겐 휴식이 있는 놀이쯤이겠지.

　나는 열심히 일하다가 가끔 쉬고 놀아줘야 그 행복을 느낄 수 있는 거라 생각한다. 계속 놀기만 하면 그 재미가 또 없을 듯하다. 물론 아무것도 하기 싫고 맘껏 계속 쉬고 싶을 때도 있지만 일 속에서 보람을 찾고 그것을 노는 것으로 만드는 것이 좋은 방법이다. 그냥 정체되지 않고 놀더라도 뭔가를 느끼고 생각하는 게 필요하다.

　사람은 정체된 삶을 살게 되면 건강하게 살 수 없다고 했다. 항상 공부하고 일하며 자신의 발전을 위해 노력하는 삶을 살아야 한다고 했다. 그런 노력의 일환이 성취감과 자아실현으로 발현되면 자연스럽게 자아존중이라는 행복감이 만들어진다고 할 수 있다. 다만 공부나 일을 할 때 스트레스를 받기보다는 즐겁고 기쁘게 임해야 위와 같은 기적이 도미노처럼 진행된다고 할 수 있다. 인본주의 심리학의 대가인 매슬로가 설명했듯이, 인간은 자아존중과 자아실현을 통해 두뇌로부터 기쁨을 느끼는 호르몬에 의해 건강과 젊음을 지킬 수 있는 것이다.

　무언가에 쫓기면서 사는 삶이 아닌, 내가 재밌어 하는 일을 찾아 능동적으로 주체적으로 사는 인생. 난 그런 인생을 살아가려고 한다. 즐길 수 있다면 일도 놀이로 생각할 수 있지 않을까. 괴롭게 일을 하는 '월화수목금금금'은 구석기 시대의 유물이다. 야근과 철야에 찌든 인생은 아무리 시간 외 수당을 준다고 해도 당신의 행복과 당신의 건강에 플러스가 되지 않는다. 이 책을 읽는 지금 이 순간부터 일과 놀이의 터닝포인트를 만들어라. 한꺼번에 하기 어렵다면 한 가지씩 서서히 하면 된다. 놀기 싫은 사람이 누가 있겠는가. 다만 스스로 놀 수 있는 환경을 못 만들어 가고 있는 게 문제지.

TIP 구체적인 실천방안

1. 스스로 안식일, 안식년을 주라. 쉬지 않는 자, 아이디어도 메말라 간다.
2. 일하다가도 가끔 땡땡이를 쳐라. 일탈이 가끔 삶의 에너지가 될 때가 있다.
3. 자유직업을 꿈꿔라. 동반자와 함께하는 일을 기획하라.
4. 나만의 재밌는 놀이, 재밌는 아지트를 고안해 내라.

오늘부터 나는 잠자는 숲속의 미녀

"잠, 이것 역시 별세계지, 감촉의 천국보다도 더한 별세계야,

사랑에서 잠으로, 별세계에서 더한 별세계로 사랑스러운

잠을 거의 신성하게 보이도록 하는 것은 아주 별세계적인 점이야."

―헉슬리, 「천재와 여신」

미국 캘리포니아 대학의 크림키 박사가 6년간 무려 110만 명을 대상으로 연구한 결과에 따르면, 하루에 6~7시간 동안 잔 사람이 더 오래 사는 것으로 나타났다. 단순히 오래 잔다고 오래 사는 게 아니라 잘 자야 오래 산다. 잠을 얕보면 피부도 안 좋아지고 자신의 몸 상태도 나쁜 신호를 보낸다. 잠에 관한 표현은 무궁무진하다. 그중에서도 많이 회자되고 있는 '잠자는 숲 속의 미녀', '미인은 잠꾸러기' 등은 맞는 말일까? 영국의 브리스틀 대학에서 수면 시간을 하루 10시간에서 5시간으로 줄이는 실험을 했는데 실험 참가자들의 평균 체중이

4% 가량 늘어났다는 것이다. 수면이 부족해지자 체중이 늘어난다? 도대체 잠을 잘 때 우리 몸에선 어떤 현상이 일어나고 있는 것일까? 그 현상을 하나씩 따져보자.

첫 번째, 성장호르몬

우리의 성장호르몬은 운동을 하거나 잠을 잘 때 집중적으로 분비된다. 청소년들에게 잠을 푹 자야 키가 큰다고 하는 것은 이 때문이다. 성인이 된 후에도 성장호르몬은 밤 2~3시경에 가장 많이 분비되어 피부와 신체 세포의 성분유지를 해준다. 한편 성인들에게 성장호르몬은 지방 분해에 관여하고 근육량 생성을 높여준다. 근육량이 많아지면 기초대사량이 증가해 이른바 근육남과 날씬녀의 체질을 갖게 된다. 반면 잠이 부족하면 성장호르몬 분비가 줄어들고 낮에 같은 운동을 해도 숙면을 취한 사람보다 운동의 효과가 떨어지게 된다. 또한 성장호르몬은 젊음의 명약이다. 피부의 탄력세포를 건강하게 만들어 윤기 있는 피부를 만들어주고 주름을 예방하여 노화를 방지한다.

두 번째, 멜라토닌

멜라토닌은 뇌에서 분비되는 수면 호르몬으로서 수면과 면역기능에 중요한 역할을 한다. 멜라토닌은 우리 몸의 생체리듬을 좋게 만들어 스트레스에 대해 저항을 하므로 아침에 몸을 새롭게 해준다. 4시간을 자도 가뿐한 사람과 8시간을 자도 피곤한 사람의 차이는 바로 이 멜라토닌 때문이다. 밝을 때는 멜라토닌의 분비가 잘되지 않으므로 불을 끄고 어두운 상태에서 잠을 자야 한다. 또 수면 전에 자극적인 음식을 섭취하게 되면 멜라토닌의 분비량이 줄어든다. 따라서 야식을 안 하는 것이 건강과 다이어트를 잡는 일석이조의 효과가 있는 셈이다.

세 번째, 렙틴, 그렐린, 코티솔

수면 중에 분비되는 렙틴은 식욕 억제 호르몬인데 지방세포에서 생산되며 뇌에서 포만감을 느끼도록 신호를 전달한다. 반면 그렐린은 소화기계에서 생성되는 호르몬으로 깨어 있을 때 식욕을 자극한다. 렙틴과 그렐린은 "Check & Balance"의 호르몬으로 공복감과 포만감을 조절한다. 그러나 잠을 자지 못하면 렙틴의 분비량이 적어지면서 포만감의 균형이 깨지기 때문에 무의식 중에 과식과 폭식으로 이어지는 것이다. 또한 수면이 부족하면 코티솔의 분비량이 증가되는데 코티솔은 스트레스를 유발하는 동시에 지방축적을 돕는 호르몬이다.

비만 관리에 실패하는 사람들 중에는 야식으로 인해 제때 잠을 못 자는 것이 비만의 원인인 경우가 꽤 많다. 병원에서 시술해도 효과가 적은 환자에겐 제발 잠을 일찍 자라고 권했다. 하지만 그녀는 엉뚱하게도 '매일 잠만 자다가 소가 된 게으름뱅이' 이야기에 자기를 빗대어 '잠을 너무 자서 뚱보가 되었다'고 했다. 사실 그녀의 수면 습관은 문제였다. 늦은 밤에 출출해지면 야식을 하고 새벽 3시쯤 잠들어 오전

내내 잠으로 보냈는데 그녀는 자신의 문제를 제대로 깨닫지 못했다. 그저 늦잠을 자는 것도 문제였지만 밤늦게 잠드는 것이 더 심각했기 때문이다. 잠은 얼마나 잤느냐보다 언제 잠을 잤느냐가 중요하다. 새벽 1시~3시 사이에는 숙면을 취해야 건강과 몸매의 아름다움을 유지할 수 있으며, 일의 능률 면에서도 좋은 성과를 낼 수 있다.

언제부터인가 우리 사회에 TV와 인터넷 등 놀 거리가 풍성해지면서 잠자리에 드는 시간은 늦어지고 사람들은 점점 야행성이 되어가고 있다. 앉아서 즐기는 생활이 많아지면서 활동량이 줄어들었고, 밤에 야식하면서 비만과의 전쟁이 시작되었다. 하지만 건강과 다이어트를 위해서 문명의 혜택이 적었던 시대처럼 자연식을 먹으면서 걷고 뛰다가 밤에 일찍 잠들어야 할까? 우리는 깨어 있는 시간을 더욱 활기차게 보내기 위해서 수면시간을 제대로 가져야 한다. 우리에게 24시간의 생활 리듬과 휴식은 매우 중요하다. 하루의 밸런스를 유지하는 것이 건강과 아름다움을 지키도록 해준다. 즉, 적당한 잠이 일의 효율과 다이어트에 필수이자 스스로 능력 있고 아름다운 자신을 만들어 가는 지름길임을 기억하자!

TIP 구체적인 실천방안

1. 점심 후 5분 책상에 엎드려서라도 자라.
2. 대중교통을 이용할 때도 졸리면 틈나는 대로 자라.
3. 고속도로 졸음운전은 살인운전.
   5분 먼저 가려 하지 말고 5분만 자다가 가라.
4. 숙면은 중요하니 잠자는 시간을 잘 관리하라

달달한 커피믹스가 그리울 때가 있다

"적어도 커피 한 잔쯤은 해야죠?

나는 설탕을 조금만 넣고 크림은 전혀 넣지 않지만, 이게 진짜 커피죠."

—바브라 스트라이샌드

9세기 이슬람의 율법학자들이 커피를 마셨다는 최초의 기록이 등장하고, 18세기 프로이센의 국왕이었던 프리드리히 2세는 아침엔 일곱 잔, 오후엔 한 주전자의 커피를 마셨다고 한다. 그들이 어떤 이유로 커피를 즐겼는지 확실하지는 않지만 그 후 수많은 세월이 흘러서 나도 자연스럽게 커피 한 잔과 함께 하루를 시작한다. 눈을 떠서 커피를 마시며 하루의 일과를 정리하는 사람들도 있고, 또 춘곤증이 스며드는 오후엔 기지개와 함께 졸음을 깨기 위해 어떤 이들은 커피를 찾기도 한다. 커피는 이처럼 다양한 역할로 오랫동안 우리의 삶과 함께해 왔다. 친구들과의 수다를 위한 작은 소도구 역할은 물론이고 그 진하고 달콤한 향기는 외로운 어느 날 한줄기 위안으로 다가오기도 하며, 늦은 밤 야근에 지친 누군가에게는 자율신경의 자극으로 한 줌의 활력을 불어넣어 주기도 한다.

우리 삶 속에서 잠깐의 휴식을 위하여 기분 좋게 마시는 커피였건만, 2014년 초 한 광고의 문구 때문에 국민의 커피 사랑에 빨간불이 들어왔다. 바로 '인산염 제로' 커피믹스의 탄생이었다. 일반 커피믹스에는 몸에 해로운 '인산염'이 들어 있으니 인산염이 없는 커피믹스를 이용하라는 요지의 광고가 TV에 나오기 시작한 것이다. "엥, 칼슘 도둑? 그럼 내가 지금까지 즐겼던 커피는 내 뼈를 망가지게 하고 건강을 악화시켰단 말인가?" 우리들이 편하게 커피를 즐길 수 있게 해준 동서식품의 '원조 믹스커피의 주자 맥심'은 조금 긴장했을 것이다.

친구들을 포함해서 방송국과 신문사에서도 가끔 인터뷰 의뢰가 왔었다. 나는 채널A의 한 프로그램에서 "걱정하지 말고 편하게 믹스커피를 마셔도 된다"고 내 생각을 밝힌 바 있다. 커피 한잔을 그냥 즐기라고. 인은 칼슘과 함께 치아와 뼈 건강에도 필요한 영양소이기도 하며 에너지대사의 보조인자로서 필수적인 성분이다. 그런데 칼슘 도둑이라는 인산염은 무엇인가? 인산염은 화학구조식에서 수소이온이 빠져나간 자리에 나트륨과 칼륨과 칼슘 등의 무기이온이 합해진 화학적 합성물이다. 그 무시무시한 이름과는 다르게 인산염은 식품의약품안전처에서 1일 허용량을 초과하지 않으면 건강에 해가 없다고 허가를 한 첨가물이다. 한편 인산염은 커피믹스뿐 아니라 청량음료와 소시지와 햄 같은 가공식품에 많이 함유되어 있다. 우리는 이미 다른 가공품을 통해 인산염을 섭취한다. 물론 인산염을 과량 섭취하는 것은 건강에 해가 된다. 인과 칼슘의 1:1 균형이 가장 바람직하며 인의 섭취량이 칼슘의 3,4배가 되면 칼슘의 배출이 증가하므로 뼈의 건강에는 좋지 않다. 특히 성장기 어린이는 청량음료를 물처럼 즐겨 마시면서 인산염을 과잉 섭취하게 되므로 주의해야 한다. 한편 인산염과 함께 언급되는 카세인나트륨도 첨가물로 허가를 받았다. 우유 단백질의 80%는 카세인이며, 그 순수 카세인은 물에 잘 녹지 않으므로 가공식품의 관능적 만족을 고려하여 나트륨을 결합한 것이다. 즉 물에 잘 녹는 상태로 유제품 군에 첨가되는 것이다.

그런데 왜 커피믹스 광고에서 인산염을 절대 악처럼 묘사해 놓았을까? 국제첨가물 유해평가위원회에서는 인산염을 4,900mg 이하 섭취하라고 권고했는데 인산염의 우리나라 상한섭취량은 3,500mg이다. 커피믹스 한 봉지에 들어 있는 인산염의 양은 35mg인데, 상한섭취량의 허용량이 많아서 그 양을 1/2로 제한한다고 해도 1,750mg이다. 즉 다른 가공품을 통한 인산염의 섭취가 없다면 하루 커피믹스 50잔에 들어 있는 양의 위험 수위는 걱정할 만한 것이다. 아무리 많이 즐긴다고 해도 커피믹스 50잔을 하루에 마시는 사람은 없다. 내 개인적으로는 그 커피믹스의 광고는 국민을 혼란에 빠뜨릴 수 있는 불필요한 논란이란 생각이 들었다.

좋은 식품을 먹고 건강하게 사는 것은 우리 모두의 바람이다. 그러나 여유와 기분을 위해 마시는 한 봉의 커피믹스로 내 건강이 망가지지 않는다. 설탕과 커피 크림이 함유되지 않은 원두커피를 사랑한다면 그건 생각해볼 일이지만, 편하게 다양한 목적으로 애용하는 커피믹스 한잔의 여유를 포기하거나 억지 이별을 할 필요는 없다는 게 내 판단이다. 우리는 "커피를 마신다"라기보다는 "즐긴다"고 말한다. 세계적인 소설가 무라카미 하루키는 커피를 이렇게 표현했다. "커피는 어둠처럼 검지만 내가 그 조그만 세계를 음미할 때 풍경은 나를 축복했다"고. 웰빙well-being을 추구하는 시대에서 건강을 찾는 것은 물론 필수적인 일이다. 하지만 과장된 정보에 마음 편하지 못한 채 '조그만 세계'를 잃어버리는 것은 오히려 웰빙하지 못한 일이다. 왠지 지금, 커피의 진한 향기가 코끝을 맴돈다. 아! 커피 한 잔하고 싶은 그런 시간이다.

TIP 구체적인 실천방안

1. 한 잔의 커피와 함께 혼자 있는 시간을 즐겨라. 사색과 독서로!
2. 커피는 커피로만 끝나지 않는다. 인간관계의 조미료가 커피다.
   사람을 만나자.
3. 직접 바리스타가 되어보자.
   커피를 갈아서 먹는 드립 커피 맛도 삶을 멋지게 한다.

몸에 좋은 과자도 있거든

―――――

"신은 인간에게 먹을 것을 보냈고 악마는 요리사를 보냈습니다."

― 톨스토이

　"바나나는 원래 하얗다"라는 우유 광고가 있다. 광고를 보는 순간 바나나의 속살은 원래 하얗다는 것을 그제야 깨닫는다. 우리가 이제 껏 바나나의 이미지를 떠올릴 때 노란 바나나 껍질을 연상하는 바람에 유제품 업계는 우유를 노랗게 물들여왔던 것일까? 우유 속에 가미된 맛있어 보이는 선명한 색소가 반드시 나쁜 것이라고 단정 짓는 것은 아니지만, 이전에 없던 각종 질병이 발병하는 현대사회에서 가공품에 대한 거부감은 분명히 존재할 수밖에 없다.

　과거보다 먹거리가 풍부해진 시대가 되면서 늦은 저녁 퇴근하시는 아버지의 손에 들린 검은 봉지 속의 바스락거리는 과자는 이제 반가

움의 대상이 아니다. 더욱이 과자가 비만, 고혈압, 당뇨, 아토피 등 여러 질병을 유발한다는 발표로 인해 과자에 대해 좋지 않은 인식이 자리 잡기 시작했다. '하나만 낳아서 잘 기르자'는 젊은 세대는 아이의 간식을 선택할 때 양보다 질을 따져 섭취하게 하는 게 추세이다. 그러다 보니 첨가물이 많이 들어간 과자는 영양가가 없고 각종 질병을 불러일으키므로, 아이들의 성장에 악영향을 미친다고 생각하는 어머니들이 많아졌다. 그래서 자녀를 건강하게 키우겠다는 부모들은 아이들의 과자섭취가 걱정스러운 게 사실이다.

패션만큼이나 먹거리도 유행에 참 민감하다. 건강한 먹거리에 대한 고객의 욕구를 분석하고 이에 맞춰 식품을 개발하지 못하면 식품 업체는 하루아침에 문을 닫아야 할지도 모른다. 예를 들면 과자 파동 이후에 과자 업계에서 대명사처럼 존재해오던 굴지의 회사도 고객의 이러한 건강 욕구와 시대의 흐름에 뒤처지지 않으려고 발 빠른 대응을 한 것 같다. 과자에 대한 부정적인 측면, 밀가루와 설탕, 그뿐 아니라 나쁜 지방에 온갖 첨가물이 많이 함유되었다는 것에 대하여 고객들의 염려가 시작되면서 오랫동안 사랑받아오던 과자가 그 자리를 지키기 어려워졌던 것이다. 과자나 빵 안의 마시멜로는 지구한 바퀴를 돌아도 사라지지 않는 고칼로리의 식재료라는 풍문이 나돌기도 했다. 물론 과자 업계에서 마시멜로가 그렇지 않다는 사실을 아무리 설명해도 그건 과자 업계의 아전인수라고 생각할 뿐이었다. 그래서 업계는 트랜스 지방산, 포화 지방산, 설탕, 하얀 밀가루, 각종 인공색소, 인공 감미료, 나트륨 등을 감소시키고 맛과 영양의 균형을 추구해야 했다.

나는 학교에서 영양교육 과목을 강의할 때 제자들에게 국민의 건강을 지켜주는 영양사가 되려면 유능한 설계사가 되어야 한다는 말을 자주 하곤 했다. 생애주기별, 질환별로 필요한 영양을 따로 계획하고 디자인해서 실행해야 한다는 것이었다. 그러던 어느 날 광고에서 '과자로 영양을 설계하다'라는 문구를 보았고, 그 기업의 새로운 발상에 내 가슴은 쿵당쿵당했다. "건강과 국민의 욕구를 존중하는 제품이라니…"이 슬로건을 걸고 개발된 제품은 아이들의 성장에 도움이 되고 다이어트를 하는 여성들에게 부담스럽지 않되 바쁜 직장인들에겐 식사대용이었다.

우리는 과자보다는 자연산 채소나 과일이 좋다는 것을 알지만 우리의 삶에서 작은 기쁨이었던 과자를 먹지 않을 수 없다. 내 아이를 생각한다지만 아이들의 손에서 과자가 떠나지 않는다. 그래서 어떤 기업은 과자에 대한 부정적인 시선과 싸우면서 과자를 통해 영양과 건강을 제공하겠다는 마케팅을 계획했던 것이다. 처음에는 낯설고 의아해했던 고객들의 과자에 대한 부정적인 인식도 점점 바뀌었고 그렇게 출시되었던 과자는 미각만 즐겁게 하는 간식거리에서 건강을 지키는 과자로 인식되었다. 과자는 간식으로는 필요한 가공식품이지만 기왕 즐겨야 할 간식이라면 지금까지 나왔던 제품보다 건강을 더 생각하는 과자가 나와야 한다고 생각한다. 언젠가는 나도 그런 과자를 만들 것이라는 꿈을 꿔 본다. 먹어서 영양이 될 수 있고 몸에 좋은 과자가 반드시 나올 것이라고 나는 확신한다.

≪월레스와 그로밋≫이라는 애니메이션에는 달나라로 여행을 간 월레스가 달의 노란 땅을 잘라내어 비스킷에 치즈를 발라 먹는 장면이 나온다. 그것을 본 순간 치즈 맛이 진하게 느껴지는 쿠키가 몹시 먹고 싶었던 기억이 있다. 이렇게 불과 몇 해 전만 해도 과자는 영화를 보거나 TV를 보면서 아무런 생각 없이 입맛이 이끄는 대로 섭취했던 우리의 즐거운 먹거리였다. 손님을 맞을 때면 대접하던 쿠키나, 주말에 가족끼리 장을 볼 때면 카트 안에 가득 담기는 짭짤하거나 달달한 과자는 조금씩 우리의 망설임과 주저함으로 잊혀져간다. 그게 좀 아쉽다. 우리는 믿고 먹을 수 있는 간식과 즐거움을 주는 과자를 원하고 있다. 또한 아버지의 퇴근길에 함께 따라왔던 반가운 선물인 과자 한 봉지를 그리워한다. 자아존중의 대표적인 방법이 자신의 건강을 지키고 외모와 내면을 아름답게 가꾸는 것이듯 기업이 국민의 건강과 소비자 욕구 존중을 기업의 제1순위 원칙으로 삼는다면 몸에 좋은 과자는 지속적으로 개발될 것이며, 그 과자는 다시 국민 사랑을 받으며 오랫동안 함께할 것이라고 나는 믿는다. 먹는 즐거움, 지금도 잊을 수 없는 과자의 그 맛과 추억을 사랑하는 한 사람으로서…

 구체적인 실천방안

1. 과자를 못 먹게 하지 말고 좋은 과자를 만들도록 하라.
2. 약간 모자란 듯 먹는 것이 몸에 좋다. 배를 꽉 채우려 하지 마라.
3. 맛있는 식당 한두 개쯤은 개발해라. 사람 사귀기에도 좋다.

책은 즐기면서 읽어야 맛있다

───────

"아는 척하기 위해 책을 읽지 마라.

반대하거나 논쟁하기 위해 책을 읽지 마라.

그렇다고 해서 있는 그대로 수용하기 위해서도 책을 읽지 마라.

그저 자신이 생각하고 연구하기 위해서 책을 읽어라."

– 프랜시스 베이컨

난 책 읽는 게 참 좋았다. 물론 지금은 전문서적 읽기에 바빠서 추천도서를 보는 게 전부이다. 그런데 고교 시절 나는 아버지께서 혼성동아리라고 반대하셨던 '고전독서회'에 가끔 나가 독서의 맛에 빠졌던 적이 있다. 생각해 보면, 꽤 엄격했던 아버지 말씀을 어기고 동아리에 갔었는데 그때도 나는 내가 꼭 하고 싶은 것은 어떤 일이 있어도 해내는 고집이 있었다. 그 당시 동아리에서 책을 읽지 못했다면 나는 그 후로도 고서와 고전을 함께할 수 있는 기회를 얻지 못했을 것이다. 물론 아버지의 눈치를 보며 아버지에게 걸리지 않을 것 같은 날만 동아리에 나가야 해서 아쉽게도 결석이 잦은 회원이었지만 지금도 그 시절의 친구들과 선배들을 만나면 고교시절의 추억을 함께할 수 있어서 좋다. '고전독서회' 모임은 지금도 1년에 두 번은 반드시 만나는 참 좋은 모임이다. 어릴 적부터 이어져 온 그 모임을 아주 가까운 초등학교 동창이자 성실파인 김동열(현대경제연구원 정책실장)이 잘 관리하고 있어 참 고맙게 생각하고 있다. 내 인생에 그 독서토론은 좋은 영향을 주었다. 나는 책의 권위에 빠지지 않고 오로지 지적 욕구를 위해 책을 읽었다. 누구에게 내세우기 위한 독서가 아니라 나를 채우는 독서여서 한 권 두 권 읽을 때마다 가슴이 벅차 오기도 했다. 그런데 어떤 책은 참 읽기 힘들었다. 그런 책은 억지로 기를 써가며 읽지 않았다. 어려운 책은 분명 책 읽는 즐거움을 뺏어가니 그냥 슬슬 읽고 남의 의견을 듣기도 했다. 그런 책들이 무겁다고 느껴질 때는 가벼운 소설로 머리를 식혔다. 매일 쌀밥만 먹을 수 없고 매일 라면만 먹을 수 없기에 책도 다양하게 입맛에 따라 골라가며 읽었던 거 같다.

베스트셀러보다 내 스타일에 맞는 책을 골라라

문학평론가 하응백 선생은 책 고르는 요령에 대해 이렇게 얘기한다. "베스트셀러는 읽지 마시라. 그게 그거다. 시간 낭비다." 나도 독서 초보 때는 이른바 잘 나가는 책들 위주로 읽었다. 나는 서점에

서 제일 화장발 찬란하게 뽐내고 있는 베스트셀러들은 거의 섭렵했
다. 자기계발서들도 닥치는 대로 읽었다. 어떤 책은 괜찮았는데 어
떤 책은 허전했다. 왠지 베스트셀러라는 이름에 사기당한 기분까지
들었다. 내 스타일을 생각하지 않고 베스트셀러만 고집했던 난 순진
한 독자였다. 출판사와 서점 간에 관례화된 베스트셀러 만들기에 제
대로 걸려든 독자였다. 자기계발서들도 이 책 저 책이 비슷했다. 그
런 판단이 들면서 나는 독서도 글쓰기도 세상의 흐름과 다른 방향으
로 가고자 했다. 남들이 시집에 거미줄 칠 때 난 시집을 들고 다니
며 열심히 밑줄 쳤다. 누구는 소설에 열중할 때 인문학에 집중했고,
가끔은 전철 안에서 시시덕거리며 만화책을 보기도 했다. 이렇게 내
스타일대로 책을 고르고 읽어 가니 베스트셀러들이 오히려 시시해
졌다. 책을 고르는 분별력이 생긴 거였다. 분별력이라기보다는 내
가 읽고 싶은 책을 읽게 된 거 같았다. 물론 이런 선별의 힘은 무작
정 읽었던 책들, 즉 다독이라는 기반이 있었기 때문에 가능했을 수
도 있다. 하지만 내 뒤를 따라 오는 독서 초보들에게는 무조건 남 따
라 하는 다독은 지양하라고 말하고 싶다.

의무적으로 읽지 말고 즐기면서 읽어라

어떤 사람은 책 한 권을 선택하면 첫 페이지부터 끝 페이지까지 꼼
꼼하게 읽기도 한다. 나도 그랬다. 중간에 책장을 접어놓고 며칠이
걸리더라도 아니면 책이 중간에 재미없어도 꾹 참고 마지막 페이지
를 넘겼다. 그러나 그런 독서는 절대 유익하지 않은 독서였다. 요즘

246

도 고전독서회의 친구였던 김동열은 자기가 꼼꼼하게 읽고 밑줄을 그어 우리에게 추천해준다. 친구들이 책을 사거나 최소한 그렇지 못하다면 밑줄 그은 부분이라도 읽도록 밴드에 올려준다. 그런 경우 그 꼼꼼하게 '책 읽어주는 친구'가 우리 모두에게 많이 도움이 되기는 한다. 그러나 책이라는 게 늘 즐겁고 좋을 수는 없다. 재미없으면 그만 읽어도 좋다. 누가 당신의 독서를 숙제검사 하듯 따지지 않는다. 그냥 빠져드는 대목이 있으면 계속 진도 나가면 되고 뭔가 막히거나 재미없으면 잠시 제쳐 놓았다가 나중에 다시 읽으면 된다. 책을 중간 페이지부터 읽어도 되고 뒤에서부터 읽어도 된다. 특히 자기계발서들은 어느 페이지부터 읽어도 상관이 없는 책들이 많다. 독서 스타일에 딱 정해진 규율은 없다. 그냥 내 스타일대로 내 지식의 갈고리에 걸리는 대로 읽으면 된다. 읽던 책을 책상 위에 열 권을 쌓아 놓아도 상관없다. 책을 절대 의무감으로 읽지 말고 즐기면서 읽어야 한다. 그래야 흡수도 빠르고 진도도 빨리 나간다. 다른 사람들이 1,000페이지 되는 책을 읽었다고 당신도 그렇게 할 이유는 없다. 1,000페이지를 한 페이지도 빠짐없이 다 읽어야 한다는 법칙도 없다. 한 번 주르륵 읽고 나서 나중에 한 번 더 읽으면 된다. 남들이 정해 놓은 독서 스타일에 끌려다니면서 독서라는 엄청난 재미와 헤어져서는 절대 안 된다.

나만의 입맛에 맞게 레시피를 짜서 요리하듯 독서도 나의 관심과 지식의 크기에 맞게 하면 된다. 베스트셀러에 현혹되지 말고, 무협지라도 만화라도 일단 내 스타일에 맞는 책부터 읽는 게 좋다. 그렇

게 무언가를 읽기 시작하면 나만의 책을 고르는 분별력도 생기고 보
석 같은 지혜를 찾아내는 혜안도 생기게 될 것이다.

TIP **구체적인 실천방안**

1. 인터넷 주문만 하지 말고 서점에 직접 가서 책과 스킨십하라.
2. 10년 동안 한 페이지도 안 넘긴 책은 남 줘라.
   책이 간절한 동네에 기증하라.
3. 본인이 가장 관심이 가는 책부터 골라라.
   베스트셀러는 가장 나중에 골라라.
4. 책과 대화하고, 책으로 사람들과 대화하라.
5. 내 인생을 바꾼 책 한 권을 꼭 선정하라.
   그리고 그 책을 자식에게 물려줘라.

먹는 행복을 알려주고 싶어

"한 번 본 사람은 잊어도

한 번 먹은 음식은 못 잊는다.

음식이 맛있는데 어떻게 잊는가"

– 개그우먼 이영자

내가 식품영양과 교수여서가 아니라 나는 식품과 인생이 참 많이 닮아있다는 생각을 한다. 나는 인생을 얘기할 때 발효와 부패의 차이를 설명하기도 한다. 같은 미생물이 작용했다고 할지라도 음식이 상해버리게 되면 그것은 부패이다. 그러나 미생물의 역할로 물리적, 화학적 변화가 생기지만 발효는 더 깊은 맛과 영양을 공급해준다. 발효식품을 좋다고 말하는 것은 발효라는 과정을 통하여 시간과 정성이 들어가기 때문이다. 그 과정을 통하여 건강에 필요한 생리활성

물질들이 만들어지고 또 소화율이 낮았던 영양소의 체내 흡수율이 증가된다. 이렇듯 음식에 시간을 들일수록 맛의 깊이가 깊다. 우리나라 발효음식들이 그렇고 서양 사람들이 반주로 즐겨 먹는 와인도 그렇다. 시간에 사람의 정성이 더해지면 최고의 맛이 만들어진다. 사람도 마찬가지다. 시간에 아픔과 슬픔이 더해지면 더욱 숙성된 사람으로 성장하게 된다. 시간이 약이고 아픈 만큼 성장하는 게 인생이고 사람인 거다. 메주를 말릴 때는 바람과 햇살과 시간이 적절하게 필요하다. 사람도 때로는 돌아서 가기도 하고 잠시 멈췄다 가기도 하면서 자신을 숙성시켜야 한다. 그래야 더 큰 고난 앞에서도 의연할 수 있으며 인생을 한 번 더 웃으면서 즐길 수 있다.

좋은 음식과 건강에 대해서 설명하고 강의하는 나는 사실 음식을 잘 가려먹지 않는다. 또 어떤 음식을 좋아하는데 건강에 나쁘다고 해서 거부한 적도 별로 없다. 개인적으로 좋아하는 것이 빵과 초콜릿이다. 초콜릿이 항상 냉장고에 들어있고 매일 서너 조각은 먹는 거 같다. 힘들 때 기운이 나기도 해서 나는 먹고 싶을 때는 먹는다. 그 정도 양으로 내가 살이 찌거나 나의 건강을 망치는 일은 생기지 않는다는 판단이니까. 대학원 때 내 별명은 빵을 워낙 좋아해서 빵순이였다. 가끔 흰쌀을 절대 먹으면 안 된다고 설명하는 의사선생님들께 흰밥 한 공기가 도대체 어떤 영향을 미치게 하는지 물어보고 싶기도 하다. 현재 식사관리를 필요로 하는 대사증후군 환자의 경우는 물론 식사요법을 따라야 한다. 하지만 과하게 먹는 것이 나쁜 것이지 각각의 입맛과 체질에 맞게 다양한 음식 섭취를 적당량만 먹는다면 그 음식이 치명적인 영향을 미치지 않는다. 즐겁고 건강하게 잘 먹으면 그것이 행복이다. 결국 인생을 잘 산다는 것은 잘 먹는 것이 포함되는 삶이 아닐까? 진리는 의외로 단순한 곳이 있는 것이니까.

그러나 좋은 식습관을 기르는 것은 평생 건강의 지침이 될 수 있다. 사람들의 잘못된 식습관은 바꾸기 참 어렵다. 단맛, 짠맛에 한번 평소 길들여진 사람은 나이가 들수록 그 맛에서 벗어나기 힘들기 때문이다. 따라서 무조건 좋아하는 것만 찾는 것은 또 건강을 해칠 수 있으므로 길들여진 평소 식습관이 중요하다고 할 수 있다. 고진감래라고 하지 않았던가. 좋아하는 것을 얻으려면 어느 정도 희생과 인내도 필요한 법이다. 내 입에 단 것이 당긴다고 단 것만 과하게 먹으면 정말 Danger가 된다. 음식도 인생도 과유불급이 최선이다. 내 혀를 마비시키고, 내 위장을 고생시킬 정도의 음식 섭취는 몸을 망치는 지름길이 된다. 아무리 좋은 음식도 과하면 탈이 나기 마련이다.

사실 살면서 먹는 것만큼 소중한 게 어디 있을까 하는 생각을 한다. 우린 좋아하는 사람을 만나면 '밥 먹을까?'라고 묻기도 하고 보고 싶은 사람과 약속을 할 때 '저녁 한 번 먹자'라고도 한다. 우리를 가장 가깝게 만드는 것도 먹는 것이고 인간의 욕구 중에서 거스를 수 없는 것도 식욕이기 때문이다. 지금은 먹는 게 흔해진 시대이다 보니 먹는 것의 소중함을 잊고 살지만 불과 몇 십 년 전만 해도 굶어 죽는 사람들도 많았다. "식사하셨어요?"가 일상 인사였듯이 온전히 하루 세 끼를 먹는 것만으로 행복한 것이었다. 그러나 나는 나이 든 사람의 왕년 이야기로 먹는 것의 가치를 얘기하고 싶지는 않다. 먹는 것의 가치는 당연한 생존이고, 이제는 먹는 것의 행복을 찾아야한다.

앞으로 우리나라는 '인구 절벽'에 따른 고령화, 1인 가족 증가 등으로 건강식품 시장의 전성시대가 당분간 지속될 것이다. 특히 바쁜 현대인들이 실용적으로 맛있게, 건강하게 먹을 수 있는 '간편 대용식'은 내가 관심이 정말 큰 분야이다. 음식은 맛과 영양을 같이 챙길 수 있어야 한다. 최근 젊은이들 사이에 '건강한 맛이 난다'라는 말을 농담처럼 주고받는다. 이는 건강한 음식에서 나는 특유의 맛을 반어적으로 사용하는 것이다. 나는 건강한 음식이 입에 쓰다는 고정관념에서 벗어나 건강한 음식도 맛이었어야 한다는 걸 강조한다. 그리고 즐거움과 건강을 함께 줄 수 있는 음식과 그 공간을 만들기 위해 노력할 것이다.

학교급식에서도 친환경 식재료만 주장하기보다는 메뉴 개발에 더 신경을 쓰고 다이어트식도 식욕을 충족시켜 줄 그런 대용식을 개발해야 한다. 그래서 나는 홀푸드wholefood를 제안 한 바 있었고 누구나 쉽게 찾을 수 있기 때문에 우리 현대인의 생활에서 떨어져 나갈 수 없는 빵과 과자, 그리고 음료의 다양한 개발이 필요하다고 생각한다. 인생味인, 맛있게 멋있게 인생을 살기 위해서는 건강하게 즐겁게 먹어야 한다. 그리고 그 공간에서 행복을 느껴야 한다. 그 쉼터 같은 공간에서 먹는 기쁨으로 많은 사람들이 건강과 웃음을 찾을 수 있어야 한다는 그 소박한 바람을 향해 나는 식품 개발, 그 꿈을 가지고 열심히 달려갈 것이다.

TIP **구체적인 실천방안**

1. 가끔 입맛이 없을 때 도시 외곽의 한정식집으로 가자. 새로운 환경이 새로운 입맛을 찾아준다.
2. 다양한 색의 야채를 많이 먹는 회춘 밥상을 즐겨라. 컬러푸드가 컬러풀한 인생을 만든다.
3. 미각만 즐겁게 하는 과자에서 건강까지 생각한 과자로 바꾸자. 과자의 먹는 행복을 누리자.
4. 시금치면, 단호박면, 감자면 등 색다른 면을 찾아 먹자. 밀가루 면의 고정관념에서 탈피하자.

봉사가 개인 욕구보다 더 큰 행복을 준다고?

———

"인간은 자기밖에 모르는 이기적인 민족을 뛰어넘는, 어떤 대의명분에

헌신했을 때 가장 행복해하고 가장 성공했다고 느낀다."

– 벤자민 스폭

모든 것이 완벽해 보이는 외모를 가진 사람에게서 의외의 결점을
발견했을 때 흔히들 '신은 공평하다'라고 말한다. 그리고 현대인들은
자신의 외모 가운데 결점이라고 생각되는 부분을 성형을 통해 극복
하는 경우도 있는데, 우리의 외모는 신의 영역에서 피조물로 탄생한
것이 맞다. 그리고 자연의 섭리대로 성장과 노화를 통해 죽음에 이
르게 된다. 하지만 나이가 먹어도 여전히 아름다운 사람이 있다. 그
녀의 다이어트 방법이 무엇일까? 그녀의 건강 비결은 특별한 것일
까? 그녀에겐 항노화의 비결이 따로 있는 것일까?

작년에 나는 〈오스카, 신에게 드리는 편지〉라는 연극을 관람했

다. 73세라는 나이를 무색하게 할 만큼 김혜자 선생님은 1시간 50분이라는 긴 시간 동안 모노드라마를 훌륭하게 펼쳤다. 그녀의 모습은 원작 소설 속 시한부 인생을 살아가고 있는 소년 오스카와 닮아 있는 듯했다. 에릭 엠마누엘 슈미트의 소설 『신에게 보내는 편지』와 이 소설을 재해석한 〈오스카, 신에게 드리는 편지〉라는 연극을 보면서 나는 열연을 펼치던 김혜자 선생님의 삶을 통해서 건강과 항노화의 정답을 찾을 수 있었다. 열정적인 연기를 통해 관객에게 메시지를 전달하는 김혜자 선생님의 모습이나 열 살이라는 어린 나이에 살날이 열흘밖에 남지 않은 자신의 삶을 즐겁게 바라보고 있는 오스카의 모습에서 행복에 대한 공통된 열정이 느껴졌고, 그것은 내 가슴에 오랫동안 울림을 주었다.

김혜자 선생님은 고령임에도 가장 고차원적인 자아실현의 욕구를 충족시키는 삶의 자세를 지녔다. 혼신의 힘을 다해 연기하면서 관객으로부터 받는 박수와 환호는 뇌에 자극을 주어 기쁨을 느낄 때 생성되는 호르몬인 세로토닌을 분비시킨다. 그리고 이 세로토닌은 행복감을 유발하여 일차적인 욕구인 식욕을 자연스럽게 조절해줄 수 있으므로 날씬하고 건강한 신체를 유지하는 비결이 된다. 김혜자 선생님이 지닌 건강과 체형과 밝고 싱싱한 얼굴은 끊임없이 삶을 사랑하는 마음과 자아실현에서 분비되는 행복 호르몬의 영향이 아닐까?

김혜자 선생님의 삶에서 아름다움을 간직한 것으로 또 하나는 자원봉사 활동과 식습관을 꼽을 수 있다. 익히 알려진 대로 김혜자 선생님은 해외 봉사활동을 적극적으로 한다. 그녀는 아프리카에 가서도 아프리카의 음식을 큰 거부감 없이 먹으면서 아이들에게도 거리감 없이 사랑의 마음으로 손을 내밀었다. 그녀의 진심에서 우러나오는 그 같은 사랑과 봉사의 정신이 개인적인 욕구보다 더 큰 행복을 주었고 그것이 그녀를 아름답게 지켜준 것이다. 김혜자 선생님의 식습관 중에서 특기할 만한 것이 있다면 낙지와 떡을 좋아한다는 것이다. 낙지는 스태미너 식품으로 꼽히는 건강식이며 콜레스테롤 제거 등 심혈관계통의 질환에 좋고 DHA 등 오메가-3가 풍부하여 두뇌 발달에도 도움을 준다. 또한 콩, 견과류, 채소 등이 포함된 떡으로는 쌀만으로 부족한 단백질과 무기질 등을 보충해 줄 수 있다. 젊은 사람도 하기 힘든 모노드라마에서 긴 시간 동안 열연을 펼치는 그녀의 열정과 그 안에서 스스로 얻는 행복감이 특별한 다이어트 없이도 그녀가 젊고 건강하게 삶을 유지하는 비결이 되었을 것이다.

신의 영역 안에서 인간은 나이를 먹고 신체는 노화된다. 하지만 남을 사랑할 줄 아는 고차원적인 욕구로 진·선·미를 추구하는 아름다운 삶이 될 때 건강한 삶이 우리를 따라올 것이다. 나는 이러한 자기 행복이 개인적인 것이 아니라 사회를 아름답고 풍요롭게 하는 '긍정의 힘'으로 작용할 것이라 믿는다.

 구체적인 실천방안

1. 자신이 할 수 있는 아주 작은 봉사부터 실천하자.
2. 봉사할 시간이 없다면 아주 작은 기부라도 하자. 세상이 조금 더 따뜻하게.
3. 봉사에 투철한 인물을 한 명 정해놓고 그의 일상을 관찰하자.

느린 교육이 더 행복한 교육

"자녀교육의 핵심은 지식을 넓히는 것이 아니라 자존감을 높이는 데 있다."

– 레오 톨스토이

나는 교육의 본질이 아이를 행복하게 만든다는 데에 있다는 문용린 전 교육부 장관의 주장에 절대 동의한다. 우리는 왜 공부할까? 지금 이 순간을 더 행복하게 살기 위해서다. 내일의 행복을 위해 오늘을 포기하는 고진감래형 교육으로는 우리 아이들을 결코 행복하게 할 수 없다. 내 강의를 듣는 학생 중에도 현재에 집중하며 열정적으로 사는 학생이 있고, 내일을 걱정하며 지금을 불안하게 사는 학생도 있다. 누구나 미래는 예측할 수 없다. 지금 이 순간을 잘 사는 사람만이 어느 정도 예측할 수 있는 내일을 맞이할 수 있다. 요즘 아이들의 교실을 보면 1등을 향해 무한 질주 한다. 같이 손잡고 가는 게 아니라 나만 앞서가면 그만인 세상인 것이다. 교육이 아이들을 그렇게 가르치고 있다. 함께 우정을 쌓아가며 황금 같은 청춘을 즐긴다는 건 상상할 수가 없다. 교실에서 1등을 못 했으면 사회에 나가서라도 1등을 해야 한다. 1등을 하지 못한 현재는 아무 의미 없다. 오로지 내일의 1등을 위해 현재를 아낌없이 희생한다. 나는 그런 현실이 참 안타깝다.

문용린 전 장관은 '대나무 교육론' 등을 펼치며 쓴소리를 마다하지 않는 소신 있는 교육자다. 이분은 학업 성적만 강조하는 한국 교육의 문제에 의문을 제시하여, 아이들에게는 각자의 강점 지능이 있고 그것이 어떻게 발현되느냐에 따라 미래가 달라진다는 '다중지능이론'을 국내에 처음 소개해 교육계에서 화제가 되었다. 문용린 전 장관은 고진감래 교육의 폐해를 조목조목 짚으면서 성공을 해야 행복한 것이 아니라 행복해야 성공할 수 있다는, 내 마음에 쏙 드는 교육이론을 주장했다. '카르페 디엠'Carpe Diem (현재를 즐겨라)으로 유명한 영화 《죽은 시인의 사회》에도 학생들에게 현재를 즐기는 방법을 가르치는 장면이 나온다. 주인공인 키팅 선생님의 교육관은 문용린 전 장관의 교육관과 아주 흡사하다. 현재의 모든 것을 포기하고 자신의 꿈마저 포기하게 하는 교육은 학생들에게 좌절만 안겨줄 뿐이다.

나는 아이들의 행복을 위해 부모들이 먼저 바뀌어야 한다고 생각한다. "행복한 부모는 아이를 때리지 않는다"는 말이 있다. 자신 스스로 마음속에서 행복한 사람은 자신을 긍정하고 좋아하는 사람이다. 자신을 좋아하는 사람은 아이들도 좋아한다. 그런 부모는 아이들을 긍정하며 지켜본다. 빨리 가라고 채찍질하는 게 아니라 늦더라도 자신의 힘으로 헤쳐 나가도록 응원하며 기다려 준다. 그런 부모 밑에서 자라는 아이는 분명 순간순간이 행복으로 가득할 것이다. 아이의 좋은 면을 눈에 담는 부모는 분명 행복하다. 그럴 때 아이는 더욱 멋진 아이로 커간다.

나는 어릴 때 외운 '국민교육헌장'의 명문장(?)을 아직도 기억한다. "타고난 저마다의 소질을 계발하고~" 모든 국민이 타고난 저마다의 소질을 계발하려면 교실이 행복해야 한다. 배우는 게 즐거워야 한다. 가르치는 사람의 진정한 보람과 즐거움은 아이들이 더 행복하게 성장하는 것이다.

행복한 교육을 위해서는 '느린 교육'이 필요하다. 조금 느리더라도 확실하게 알고 가는 게 좋다. 깨닫지 않은 배움은 시간이 지나면 연기처럼 사라진다. 아이들에게 밥도 편의점에서 대충 때우게 하면 안 된다. 노력을 조금 해서라도 가족과 함께하는 식사시간을 가져야 한다. 가족과 대화하고 식사하는 그 느린 시간이 아이들의 언어능력을 키우고 감성도 키운다. 행복교육에서 가장 중요한 건 기다림이다. 빨리 자라지 않는다고 모내기 한 벼를 잡아 뽑는 우를 범하지 말기를 바란다. 교육은 재촉한다고 되는 게 아니기 때문이다. 아이들의 행복은 절대 채찍질로 만들어질 수 없다.

TIP **구체적인 실천방안**

1. 가끔 입맛이 없을 때 도시 외곽의 한정식집으로 가자. 새로운 환경이 새로운 입맛을 찾아준다.

2. 다양한 색의 야채를 많이 먹는 회춘 밥상을 즐겨라. 컬러푸드가 컬러풀한 인생을 만든다.

3. 미각만 즐겁게 하는 과자에서 건강까지 생각한 과자로 바꾸자. 과자의 먹는 행복을 누리자.

4. 시금치면, 단호박면, 감자면 등 색다른 면을 찾아 먹자. 밀가루 면의 고정관념에서 탈피하자.

유재석에게 수다를 배운다

"금속은 소리로 그 재질을 알 수 있지만
사람은 대화를 통해서 서로의 존재를 확인한다."

— 발타자르 그라시안

수다는 가장 인간적인 커뮤니케이션

현대는 스토리텔링의 시대다. 이야기를 잘 만들어내는 사람들이
인기를 끈다. 주변 사람들을 내 편으로 만들려면 수다의 달인, 즉 재
미있는 이야기꾼이 되어야 한다. 수다의 소재는 한계가 없다. 단, 자
기만의 이야기가 아니라 함께 공유할 수 있는 소재여야 한다. 남자
들은 흔히 축구나 야구경기에 관해 이야기한다. 특히 한국 남자들의
경우는 군대나 스포츠 이야기가 나오면 여자들의 수다와는 비교가
안 될 정도로 많은 말들을 쏟아낸다. 그렇게 서로 수다를 쏟아낸 사
이는 인간적으로 좀 더 가까워질 수 있다. 수다를 통해 능수능란하

게 진실을 주고받는 것만큼 재밌고 현명한 커뮤니케이션은 없다.

대한민국 아줌마들은 활력이 넘친다. 그 활력은 아마 수다에서 나오지 싶다. 동네 아줌마들끼리 나누는 대화에는 온갖 정보와 재미가 넘쳐난다. 시어머니 뒷담화에서 생선가게 아저씨 뒷담화나 심지어는 자기 남편 뒷담화까지, 우리 아줌마들은 세상 온갖 스트레스를 수다로 다 푼다. 요즘은 사람 만나기 힘들다. 인터넷 속으로 다 들어가 버려서. 그렇다고 수다가 불가능한 것도 아니다. 카카오톡, 페이스북, 트위터, 블로거를 통해 실시간으로 이야기를 주고받는다. 뉴스에 안 나오는 놀라운 정보들이 초고속으로 오가는 것이다.

수다로 긍정에너지를 발산하자

아무리 일을 잘하는 사람이라도 동료들과 세상 돌아가는 이야기 하나 제대로 나누지 못한다면 그는 유능한 사람이라 할 수 없다. 유능한 영업사원은 시작부터 자기가 팔 물건 이야기를 하지 않는다. 요즘 아파트 경기나 날씨 또는 세상 돌아가는 이야기들을 가볍게 시작하면서 고객과의 거리를 좁힌다. 수다는 쓸데없는 말장난이 아니지만 재미없거나 지루한 수다는 대접을 받지 못한다. 수다에 능한 사람은 세상사에 두루두루 관심이 많다. 세상에 관심이 많다는 건 그만큼 삶에 열정이 있다는 거다. 관심은 긍정에너지다. 수다로 그 긍정에너지를 발산하자. 개그맨 유재석은 술을 전혀 하지 않는다고 한다. 그는 수다로 밤을 샐 정도로 수다를 좋아하는데 누구와도 재미있게 이야기하는 타입이다. 유재석의 수다는 일방적이지 않다. 남의 기분을 살피고 남을 배려하며 재미를 준다. 자기 이야기만 하지 않고 남의 이야기도 잘 들어준다. 남의 이야기를 들을 때는 맞장구도 잘 쳐준다. 유재석의 수다는 기본을 잘 갖추고 있다. 삶이 우울할 때 혼자서 견디려 하지 말자. 예측할 수 없는 불안한 인생이다. 긍정적인 사람들은 수다로 그 스트레스를 푼다. 수다를 통해 새로운 의욕이 충전되는 것이다.

수다는 최고의 소통 방법

우리나라에서 여자들의 수다는 제대로 대접받지 못한다. 이른바 비효율적인 시간 때우기라고 비하당하고 싼값에 매도된다. 사회학자들은 수다를 '나와 너의 이야기'라고 정의한다. 나와 네가 있기에 수다가 있는 것이고 그것이 곧 사람 사는 사회의 소통이라는 것이다. 수다를 떨 때는 상대방을 배려하면서 이야기해야 한다. 수다란 자신을 털어놓는 정화의 과정이고 그것은 자기 존재의 증명 과정인 동시에 상대방을 통한 공동체 의식의 소통창구다. 수다가 대접받아야 할 충분한 이유는 바로 여기에 있다.

게다가 수다는 너와 나의 깊은 내면의 아픔을 치유하는 오묘한 효능도 동시에 가지고 있다. 결국 수다는 남을 공격하고 깎아내리는 힘의 언어가 아니라 북돋우기의 언어이며, 무력감을 극복하고 스스로 자기 치유 효능을 갖거나 타인에게도 치유 효능을 갖도록 하는 긍정적인 언어 소통 방식인 것이다.

사회학자들이 말하는 수다의 해석을 보면, 구조적 요인으로 인한 무력감을 제거하고 내재된 장점을 강화하며 자신의 삶을 통제 가능 하게 하고 부정적 환경과 사회 제도에 대한 통제와 영향력을 발휘할 수 있게 만드는 기초적 실천 전략이 수다이다. 그뿐 아니라 자아와 타자들의 유기적 관계를 형성할 수 있는 내적 에너지의 강력한 발산 이 수다이다.

수다는 여성들의 전유물이 아니다. 그것은 대립과 갈등으로 상처 받고 소외된 사람들과의 관계를 포용하고 끌어안는 즐거운 말하기 다. 더욱 건강한 가정과 사회를 만드는 훌륭한 사회적 음식의 따뜻 한 밑반찬이 수다다. 결국 세상의 모든 인간적인 일은 입을 열어야 마음을 열 수 있다.

TIP **구체적인 실천방안**

1. 좋은 수다의 기본은 배려에서 시작된다.
2. 세상 모든 것에 관심을 가져야 수다의 달인이 된다.
3. 수다의 달인이 되려면 책을 많이 읽어라.
4. 토크쇼를 보라. 말의 달인은 어떻게 말하는지를 관찰하고 습득하라.
5. 주변 사람에게 마음의 문을 닫아걸지 말고, 수다라는 열쇠로
   평소 서먹한 사람들과 마음을 나누자.

부록

전형주의 100일
사자성어 처방전

네 글자의 마늘을 먹어라

자꾸만 되새김질하게 만드는 네 글자,

무언가 깨달음을 주는 네 글자,

그 깨달음에 뚜벅뚜벅 걸어 나와

새로운 인생을 펼쳐가게 하는 네 글자

그 네 글자가 주는 힘을 받으소서.

100가지 네 글자를 더 드시면

당신의 더 지혜로운 사람,

더 당당한 사람으로 거듭날 겁니다.

금선탈각, 환골탈태의 100가지 선물을

당신에게 바칩니다.

전형주의 100일 사자성어 처방전
네 글자의 마늘을 먹어라

---

1. 폭노위계
   욱하는 성질이 자기를 망치는 법이죠! 성질 좀 죽이면서 사시기를~
   폭노위계 (暴怒僞戒) : 버럭쟁이가 되면 천하를 잃는다. – 명심보감

---

2. 파부침선
   죽어도 같이 죽고 살아도 같이 살아야 합니다.
   운명공동체는 비전도 같이 공유합니다.
   파부침선 (破釜沈船) : 솥을 깨뜨리고 배를 가라앉힌다는 뜻으로, 싸움터로 나가면서 살아 돌아오기
   를 바라지 않고 결사 항전한다는 뜻 – 사기

---

3. 각주구검
   옛날 법으로 지금을 다스리면 안 됩니다.
   법은 물 水에 갈 去가 합쳐진 글자.
   물 흘러가듯이 세상 흐름에 맞춰야 법입니다.
   각주구검 (刻舟求劍) : 배에 흠집을 내어 칼을 찾는다는 뜻이다.
   즉, 엉뚱하고 미련해서 현실에 어둡다는 말이다. – 여씨춘추

---

4. 복룡봉추
   복룡은 제갈량, 봉추는 방통!
   당신도 재야에 숨겨진 인재일지 모릅니다.
   복룡봉추 (伏龍鳳雛) : 엎드려 있는 용과 봉황의 새끼라는 뜻으로, 초야에 숨어 있는 훌륭한 인재를
   이르는 말 – 삼국지

---

5. 화광동진
   겸손은 힘들어~ 많이 안다고 너무 티내지 맙시다.
   화광동진 (和光同塵) : 빛을 부드럽게 하여 속세의 티끌에 같이한다는 뜻으로, 자기의 지덕(智德)과
   재기(才氣)를 감추고 세속을 따름을 이르는 말 – 노자

6. 무위자연

강은 그냥 흘러가게 놔둬야 합니다.

자연은 인공의 손을 대면 자연이 아닙니다.

무위자연 (無爲自然) : 억지로 무엇을 하지 않고 순수하게 자연의 순리에 따르는 삶을 산다는 의미 – 노자 도덕경

7. 숙려단행

충분히 생각하고 실행하십시오. 그래야 실수를 최소화 할 수 있습니다.

가훈이나 좌우명으로 많이 쓰는 네글자입니다.

숙려단행 (熟慮斷行) : 하라. '충분히 생각한 뒤에 과감하게 실행한다.'라는 뜻

– 《송사(宋史)》의 〈하주열전(何鑄列傳)〉편

8. 양두구육

겉만 번지르르한 사람들이 많습니다.

껍데기보다 알맹이를 가꾸는 데 노력하십시오.

양두구육 (羊頭狗肉) : 양머리를 걸어 놓고 개고기를 판다는 뜻.

겉은 훌륭하나 속은 변변치 못함을 이르는 말. – 안자춘추

9. 송양지인

그 놈의 체면이 뭔지~ 쓸데없는 인정이 자기를 망칠 수도 있습니다.

송양지인 (宋襄之仁) : 송나라 양공의 어진 행위라는 뜻으로 쓸데없는 인정이나 무익한 배려를 나타 냄. – 십팔사략

10. 공심위상

상대의 마음을 움직이는 게 최고의 전술입니다.

마케팅도 결국 고객의 마음 흔들기입니다.

공심위상 (攻心爲上) : 상대의 마음을 공략하는 것이 상책. 군사력보다 마음으로 싸워 적의 투지를 꺾는 게 중요하다는 뜻. – 양양기

11. 식자우환

소동파의 시에 이런 구절이 나옵니다.

"인생은 글자를 알 때부터 우환이 시작된다."

얕은 지식이 일을 망치는 경우 많습니다. 조심하십시오.

식자우환 (識字憂患) : 글자를 아는 것이 오히려 걱정은 끼친다는 뜻.
너무 많이 알고 있는 것도 문제가 된다는 의미. 모르는 게 약인 거죠. – 삼국지

12. 식소사번

일만 많고 바쁜데 버는 돈은 적어요. 이렇게 실속 없는 분 주변에 많습니다.

얻는 것도 없이 헛되이 바쁜 사람에게 이 말을 씁니다.

식소사번 (食少事煩) : 먹을 것은 적고 할 일은 많다는 뜻.
몸은 돌보지 않고 부산하게 바쁜 사람을 나타냄. – 삼국지

13. 단도부회

마음에 부담이 되는 문제, 피한다고 해결되지 않습니다.

남에게 부탁하지 말고 직접 부딪히십시오.

단도부회 (單刀赴會) : 칼 한 자루를 들고 모임에 나간다는 뜻.
위험한 자리에 직접 나가 담판 짓는다는 의미. – 삼국지

14. 견인불발

어떤 역경이 와도 굳센 의지와 참는 자세만 있으면 큰 결실을 맺을 수 있습니다.

견인불발 (堅忍不拔) : 굳게 참고 견디어 마음을 빼앗기지 아니함,
뜻을 변(變)치 아니함 – 蘇軾(소식)이 집필한 晁錯論(조조론)

15. 수불석권

공부는 죽을 때까지는 하는 것입니다. 10년 단위로 새로운 것을 배우십시오.

수불석권 (手不釋卷) : 손에서 책을 놓지 않는다는 뜻으로, 열심히 공부함을 이르는 한자성어. –《삼
국지(三國志)》〈오지(吳志)〉 '여몽전(呂蒙傳)

16. 질풍경초

어려운 일을 당해도 흔들리지 마십시오.

역풍이 사람을 더 강하게 하는 법입니다.

질풍경초 (疾風勁草) : 세찬 바람이 불어봐야 비로서 억센 풀인지 알 수 있다.
곤란과 시련을 겪어봐야 그 사람의 진가를 알 수 있다는 말 – 후한서

17. 일이관지

첫마음을 끝까지 유지해야 합니다. 사람은 일관성이 있어야 하는 법입니다.

일이관지 (一以貫之) : 처음부터 끝까지 같은 방법으로 계속한다는 의미.

초지일관과 비슷한 말 – 논어

18. 곡돌사신

화근이 될 만한 것은 미리 미리 짤라야 합니다.

나중에 감당 못할 경우가 생기거든요.

곡돌사신 (曲突徙薪) : 굴뚝을 구부리고 굴뚝 가까이에 있는 땔나무를 다른 곳으로 옮긴다는 뜻.

– 설원

19. 안자지어

뭐 그리 대단하지도 않은 지위에 우쭐댑니까.

조금만 권력 맛을 느껴도 사람은 그렇게 간사해지나 봅니다.

안자지어 (晏子之御) : 변변치 않은 지위를 얻거나 하찮은 성취에 만족하며 우쭐대는 사람을 의미

– 사기

20. 공휴일궤

1m만 더 힘내십시오. 지금까지 잘 해오셨는데.

다 된 밥에 재 빠트리셔야 되겠습니까.

공휴일궤 (功虧一簣) : 조금만 더하면 목적을 달성할 수 있는데, 중단하였기 때문에 지금까지 애쓴 일이 모두 허사가 되고 만다는 뜻

21. 자기기인

불교에서도 무릇 망언을 일삼는 사람을 보면 자기를 속이고 남을 속인다고 했습니다. 함부로 망언을 하는 사람들을 보면 이 네 글자는 2007년 교수신문이 선정한 올해의 사자성어였습니다.

자기기인 (自欺欺人) : '자기를 속이고 남을 속인다.'라는 뜻으로, 자신도 믿지 않는 말이나 행동으로 남까지 속이는 행위를 비유하는 사자성어. – 주자어류

22. 교자채신

자식을 가르칠 때도 멀리보기 길게 보는 안목을 가르쳐야 합니다.

제품개발도 그렇고, 주식투자도 장기투자가 더 높은 수익을 올립니다.

교자채신 (教子探薪) : 자식에게 땔나무 때는 법을 가르치라는 뜻.

어떤 일이든 장기적 관점에서 바라보라는 의미. – 속맹자

23. 연작처당

많은 사람들이 위험을 회피하기에 급급하고 중요한 대비는 하지 못하는 것
같습니다.

우리는 늘 현재의 위험과 미래의 위험을 동시에 생각해야 합니다.

연작처당 (燕雀處堂) : 안락한 생활에 젖어 자신에게 닥쳐오는 위기를 조금도 감지 못하는 상황을 경고
한 말. – 공총자

24. 의심암귀

사람의 의심은 한도 끝도 없는 것 같습니다.

누군가를 의심하기 시작하면 무언가 잘해주는 행위조차도 의심하게 됩니다.

부디 선입견을 버리시기 바랍니다.

의심암귀 (疑心暗鬼) : 의심이 있으면 어두운 곳에서 귀신이 생긴다는 뜻.

선입견으로 부정적 판단을 내리지 말라는 경고. – 열자

25. 준조절충

술자리에서 기분 좋게 웃으며 이야기하다가도 정작 계산하는 순간에 어색
해지는 모임들이 있습니다.

준조절충은 계산은 계산이고, 분위기는 부드럽게 유지하는 현명한 커뮤니
케이션 기법을 가르칩니다.

준조절충 (樽俎折衝) : 술자리에서 적의 창끝을 꺾는다는 뜻으로, 평화로운 교섭으로 일을 유리하게
담판 짓거나 흥정함을 이르는 말. – 안자춘추

26. 묵적지수

정치인들 보면 공약은 참 화려합니다.

그러나 그걸 제대로 지키는 사람은 찾기 힘듭니다.

자기가 뱉은 말, 자기주장을 굳게 지켜나가는 사람, 어디 없나요?

묵적지수 (墨翟之守) : 묵적의 지킴이라는 뜻으로, 자기 소신을 끝까지 지키는 고집을 말함 – 전국책

27. 붕정만리

장자의 상상력은 스케일이 현대인들을 뛰어넘습니다.

크기가 천리가 되는 물고기가 붕이라는 새가 되어 만 리를 갑니다.

붕정만리는 보통사람들이 상상할 수 없는 원대한 계획, 원대한 사업을 말합니다. 당신도 그런 계획이 있으신가요?

붕정만리 (鵬程萬里) : 붕새를 타고 만 리를 나는 것을 뜻하며 먼 길 또는 먼 장래를 이르는 말. – 장자

28. 국사무쌍

그 일이 제격인 사람이 되어야 합니다.

이 세상에 둘도 없는 사람, 둘도 없는 인재가 되어야 합니다.

그러려면 자기만의 캐릭터, 장점을 개발하는 게 필요합니다.

국사무쌍은 요즘 인재들에게 필요한 지침이 될 겁니다.

국사무쌍 (國士無雙) : 국사(國士)는 나라의 훌륭한 선비, 곧 나라에서 둘도 없는 뛰어난 인물이란 뜻. – 사기

29. 백구과극

이 네글자를 보면 서유석의 〈가는 세월〉이란 노래가 생각납니다.

"가는 세월 그 누가 잡을 수가 있나요~"

세월은 정말 화살이 아니라 총알처럼 빠르게 지나갑니다.

그만큼 덧없는 게 인생입니다. 그래서 한 순간도 헛되이 보낼 수 없습니다.

백구과극 (白駒過隙) : 흰 망아지가 문틈으로 지나가는 순간을 언뜻 본다는 뜻으로, 세월이 덧없이 빨리 지나가는 것 또는 덧없는 인생을 이르는 말. – 장자

30. 백절불요

백번 꺾여도 굴하지 않는다고 말합니다. 칠전팔기보다 더 센 말이네요.

어떤 역경에도 굽히지 않겠다는 강한 의지가 엿보입니다.

세상일을 이런 자세로 대하면 못할 게 없을 것 같습니다.

백절불요 (百折不撓) : '백 번 꺾일지언정 휘어지지 않는다.'라는 뜻으로, 어떠한 어려움에도 굽히지 않는 정신과 자세를 가리킬 때 사용되는 고사성어 – 채옹

31. 문일지십

앨빈 토플러는 앞으로 중요한 것은 지식습득이 아니라, 끊임없이 배우는 습관이라고 했습니다.

미래 융합형 인재는 하나를 듣고 열 가지 이상을 흡수하는 멀티플레이형 인재여야 합니다.

문일지십 (聞一知十) : 하나를 들으면 열을 미루어 안다는 뜻으로, 총명하고 영특하다는 말. – 논어

32. 매사마골

큰 노력을 안 들이고 그저 숟가락만 얹으려는 사람들이 있습니다.

일을 할 생각은 안 하고 손익을 먼저 따지는 사람들도 많습니다.

일단 땀을 흘리고 정성을 다해야 합니다. 그게 순서입니다.

그래야 돈도 들어오고, 보상도 쌓입니다.

매사마골 (買死馬骨) : 죽은 말의 뼈를 산다는 뜻으로, 귀중한 것을 손에 넣기 위해 먼저 공을 들여야 한다는 것을 가리키는 말. – 전국책

33. 경천동지

"이런 경천동지할 일이 있나"라는 말을 씁니다.

가끔 사람을 놀라게 하는 사람이 있습니다.

기대를 넘어서는 일을 저지르는 사람들이 있습니다.

당신도 남의 예측을 뛰어넘는 무언가를 만들어 내십시오.

경천동지 (驚天動地) : 하늘을 놀라게 하고 땅을 움직이게 한다는 뜻으로, 몹시 세상(世上)을 놀라게 함을 이르는 말 – 주자어록

34. 불비불명

큰일을 이루려면 타이밍이 중요합니다.

조용히 칼을 갈며 때를 기다려야 합니다.

당신의 재능에 세상이 환호할 때가 올 겁니다.

그 때를 조용히 준비하십시오.

불비불명 (不飛不鳴) : '날지도 않고 울지도 않는다.'라는 뜻으로, 큰일을 하기 위해 조용히 때를 기다림을 비유하는 고사성어.

35. 비육지탄

하는 일이 없어 살찌는 소리에 한숨만 쉽니다.

무언가 준비하고 도전할 생각은 안 하고 그저 멍하게 시간만 보내는 사람에게 이 말을 씁니다.

비육지탄 (髀肉之嘆) : 보람 있는 일을 하지 못하고 헛되이 세월만 보내는 것을 한탄함을 비유한 말.
　　　　　　　　　　　　　 – 삼국지, 유비의 말

36. 을야지람

지도자는 책을 많이 읽어야 합니다.

국민을 돌보는 사람은 지혜를 계속 쌓아야 합니다.

을야지람은 잠들기 전에도 지혜를 얻을 수 있는 독서를 멈추지 말아야 합니다.

을야지람 (乙夜之覽) : '을야에 책을 읽는다.'라는 뜻으로, 임금이 밤에 독서하는 일을 가리키는 고사
　　　　　　　　　　　　　 성어 – 《두양잡편(杜陽雜編)》

37. 교우투분

친구를 사귀어도 서로 어울리는 사람과 사귀어야 합니다.

생각의 코드가 비슷하고, 살아가는 처지기 비슷해야 합니다.

아니, 살다보면 결국 그렇게 비슷한 사람끼리 어울리게 되더군요.

교우투분 (交友投分) : 벗을 사귈 때에는 서로가 분에 맞는 사람끼리 사귀어야 함 – 천자문

38. 득롱망촉

하나를 얻으면 또 하나를 갖고 싶은 게 사람 욕심입니다.

30평 살다보면 40평대가 욕심나게 됩니다.

위를 바라보며 너무 욕심내지 마십시오. 가랑이 찢어집니다.

득롱망촉 (得隴望蜀) : 농서지방을 얻고 나니 촉나라를 가지고 싶어진다는 뜻으로인간의 욕심은 끝
　　　　　　　　　　　　　 이 없음을 비유하는 말. – 후한서

39. 과공비례

일본 사람들을 보면 과잉친절이 몸에 밴 거 같습니다.

전 이런 과잉친절에 알레르기 증상이 생깁니다.

진심이 들어 있지 않고 무언가 계산적인 행동이기 때문입니다.

뭐든 과한 건 모자란 것만 못합니다.

과공비례 (過恭非禮) : 지나친 공손은 예의가 아님. - 맹자

40. 새옹지마

사람 사는 게 이럴 수도 있고 저럴 수도 있습니다.

나쁜 일이 있으면 반드시 좋은 일이 오게 되어 있습니다.

새옹지마 (塞翁之馬) : 변방 늙은이의 말. 인생에 있어서의 길흉화복(吉凶禍福)은 항상 바뀌어 미리 헤아릴 수가 없다는 말. - 회남자

41. 사회부연

끝날 때까지 끝난 게 아닙니다. 꺼진 불도 다시 봐야 합니다.

마지막 희망을 절대 놓지 마십시오.

사회부연 (死灰復燃) : 죽은 불씨가 되살아남. 세력을 잃었던 사람이 다시 세력을 얻는 것을 이르는 말 - 사기

42. 일야십기

목표를 이루려면 치밀해야 합니다.

실수를 줄이기 위해 시뮬레이션이 필요합니다.

연습하고 또 연습해서 빈틈을 줄이는 치밀함이 필요합니다.

일야십기 (一夜十起) : '하룻밤에 열 번 일어나다'라는 뜻으로, 병자를 극진히 간호하는 것을 비유하는 고사성어 - 후한서

43. 용관규천

한 면만 보아서는 완벽한지 알 수 없습니다.

요즘은 입체적인 판단력이 필요합니다.

실수를 줄이려면 입체적이고 종합적 사고를 가지십시오.

용관규천 (用管窺天) : 대롱의 구멍으로 하늘을 엿본다는 말로 좁은 식견으로는 광대한 사물의 모습을 제대로 파악할 수 없다는 뜻. - 사기

44. 종선여류
목표를 향해서는 거침없이 나가야 합니다.

이 때 남의 비판과 간섭은 전혀 문제되지 않습니다.

종선여류 (從善如流) : 선을 좇는 것을 물이 흘러가듯 한다.
선을 좇는 데 서슴지 않음. – 좌씨전

45. 약팽소선
결정은 과감하고, 행동은 신중해야 합니다.

깊이 생각하고 민첩하게 움직이십시오.

약팽소선 (若烹小鮮) : 치대국약팽소선(治大國若烹小鮮)의 준말.
큰 나라를 다스리는 것은 작은 생선(生鮮)을 삶는 것과 같다는 뜻. 무엇이든
가만히 두면서 지켜보는 것이 가장 좋은 정치라는 의미 – 도덕경

46. 자아작고
세상 첫길을 여는 사람이 되십시오.

스스로 새로운 것을 만들어 내는 사람이 돼야 합니다.

자아작고 (自我作古) : '나로부터 옛 것을 삼는다'라는 뜻으로, 옛 것에 구애됨이 없이 스스로 새로운
것을 만들어 내는 것을 비유 – 구당서

47. 선입지어
말은 조금 늦게 하는 편이 좋습니다.

상대의 말을 들어보고 해도 늦지 않습니다.

말 많이 하고, 먼저 말 하다고 손해 보는 일 많습니다.

선입지어 (先入之語) : 먼저 들은 이야기에 따른 고정관념(固定觀念)으로 새로운 의견(意見)을 받아
들이지 않는 것을 이르는 말 – 한서

48. 천만매린
사람만큼 소중한 자산이 어디 있겠습니까.

그래서 마지막 투자는 사람이어야 합니다.

기업의 인재제일주의 이 네글자로 표현할 수 있습니다.

천만매린 (千萬買隣) : 백만금으로 집을 사고, 천만금으로 이웃을 산다는 말.
좋은 이웃과 함께 하는 것이 중요하다는 것을 강조 – 남사

49. 삼호망진

배 열 두척으로 왜군을 섬멸한 이순신의 정신.

아무리 작은 힘이라도 각오를 단단히 하면 성공의 불씨가 됩니다.

삼호망진 (三戶亡秦) : 작은 힘일지라도 큰 결심을 하면 이겨낸다는 것을 이르는 말. – 사기

50. 선즉제인

선빵이 중요합니다. 먼저 치고 나가야 합니다.

주저하고 망설이다가 남에게 뺏기는 법입니다.

선즉제인 (先則制人) : 남보다 앞서 일을 도모(圖謀)하면 능히 남을 누를 수 있다는 뜻으로, 아무도 하
지 않는 일을 남보다 앞서 하면 유리(有利)함을 이르는 말 – 사기

51. 순수견양

아무리 열악한 상황이라도 뚫고 나갈 희망은 반드시 있는 법입니다. 절대
포기하지 말고 기회를 노리십시오.

순수견양 (順手牽羊) : '손에 잡히는 대로 양을 끌고 간다.'라는 말로, 병법에서 작은 틈과 작은 이익
이라도 놓치지 않고 이용하는 책략. 고대 중국의 대표적 병법인 36계 가운데
12번째 계책 – 손자병법

52. 목인석심

늘 유혹에 빠지지 않게 해달라고 기도합니다.

특히 돈에 대한 유혹은 사람을 망치게 합니다.

목인석심 (木人石心) : 나무나 돌처럼 의지가 굳세거나 무뚝뚝한 사람으로, 어떠한 유혹에도 마음이
흔들리지 않는 사람을 말한다. – 진서

53. 심장약허

자기에게 진짜 소중한 물건은 자랑하지 않는 법입니다.

누군가 훔쳐가고 싶게 왜 자극을 합니까.

좋은 물건은 아끼고 감추는 게 정상입니다.

심장약허 (深藏若虛) : 깊이 감추어, 있는 것 같지 않음 – 사기

54. 허유패표

지금 그 물건이 꼭 필요합니까. 그것이 없을 때를 상상하십시오.

그러면 욕심이 줄어듭니다.

허유패표 (許由掛瓢) : 허유가 나뭇가지에 표주박을 걸었다가 시끄러워서 떼어버렸다는 뜻으로, 속세(俗世)를 떠나 청렴(淸廉)하게 살아가는 모양(模樣)을 이름 - 고사전

55. 갈택이어

눈앞에 이익만 생각하지 마십시오.

항상 멀리 보는 안목이 필요합니다.

미래를 대비하는, 후세를 생각하는 지혜를 키우십시오.

갈택이어 (竭澤而漁) : 연못의 물을 모두 퍼내 고기를 잡는다는 뜻으로, 눈앞의 이익만을 추구하여면 장래를 생각하지 않는 것을 말함. - 여씨춘추

56. 기화가거

본인이 가치 있다고 판단되면 투자하십시오.

지금 당장은 아니어도 나중에 그것이 큰 이익이 될 수도 있는 겁니다.

기화가거 (奇貨可居) : 진기한 물건이나 사람은 당장 쓸 곳이 없다 하여도 훗날을 위하여 잘 간직하는 것이 옳다는 말. - 사기

57. 선승구전

이미 이겨놓고 시작하십시오.

그만큼 준비를 많이 해놓으라는 얘기입니다.

승리는 감으로 하는 게 아니라 대비하고 준비해야 쟁취할 수 있습니다.

선승구전 (先勝求戰) : 전쟁은 싸워서 이기려 들어가는 것이 아니다.
승리를 확보한 후에 승리를 확인하러 들어가는 것이다.
승리하는 군대는 먼저 승리를 확보하고 난 후에 전쟁에 임한다는 뜻
- 손자병법

58. 간슬여륜

최배달이 그랬습니다.

천일의 연습이 단(鍛)이고 만일의 연습이 연(鍊)이라고. 혹독하게 연습하면 성공에 이를 수 있습니다.

간슬여륜 (看蝨如輪) : 활쏘기 명수가 아주 미세한 이를 수레바퀴처럼 보일 정도로 치열하게 연습한 것을 의미. - 열자

59. 강노지말

영원한 1등은 없는 법입니다.

지금의 대기업, 지금의 강대국이 끝까지 살아남으리라는 법은 없는 겁니다.

강노지말 (强弩之末) : 힘찬 활에서 나온 화살도 마지막에는 힘이 떨어져 비단조차 뚫지 못할 정도로 약해진다는 뜻. – 사기

60. 호접지몽

인생 일장춘몽이라고 하잖습니까. 고통도 기쁨도 다 지나갑니다.

꿈처럼 한 순간에 사라집니다. 그러니 순간순간에 너무 연연할 필요 없습니다.

호접지몽 (胡蝶之夢) : 장자가 나비가 되어 날아다는 꿈이라는 뜻으로 인생의 덧없음을 비유하는 말. – 장자

61. 한단학보

자기만의 특성을 계발시키지 못하고 그저 남 따라가는 사람이 많네요.

남 따라가다 자기 존재가 사라집니다.

한단학보 (邯鄲學步) : 한단에서 걸음걸이를 배운다는 뜻으로, 자신의 본분을 잊고 남의 흉내만을 내면 자신도 잃고 그 흉내조차 의미가 없어진다는 의미 – 장자

62. 탐천지공

얌체같이 숟가락 얹는 사람들에게 이 말을 씁니다.

오로지 자기 힘으로 이룬 공도 따져보면 따져보면 결국 남의 도움을 많이 받아 이루어 졌을 텐데 말이죠.

탐천지공 (貪天之功) : 하늘의 공을 탐낸다는 뜻으로 남의 공로를 자기 것으로 한다는 의미 – 춘추좌씨전

63. 유교무류

돈 있는 놈만 배우고 돈 없으면 배움도 포기해야 하나요.

배움의 문은 누구에게나 공정하게 열려 있어야 합니다.

그런데 우리나라는 지금 돈 있는 사람들에게 배움의 문을 열고 있네요.

유교무류 (有敎無類) : 가르침에는 차별이 없다는 뜻으로 배움의 문은 누구에게나 공정하게 열려있어야 한다는 것을 나타냄. – 논어

278

64. 양약고구

자신에게 쓴 소리를 하는 사람은 정말로 자기를 아껴서 그런 말을 하는 거 일수도 있습니다.

직원도 가끔 상사의 생각에 저항하는 직원이 필요합니다.

양약고구 (良藥苦口) : 몸에 이로운 약은 입에 쓰다는 뜻입니다.

충언은 귀에 거슬리지만 결국은 자신에게 이롭다는 의미 – 사기

65. 아궁불열

"너나 잘 하세요~"를 표현한 네 글자입니다.

자기 코가 석자인데 남 생각하는 사람이 있습니다.

자기를 버리고, 자기를 망치고 남을 살릴 수는 없는 법입니다.

아궁불열 (我躬不閱) : 내 몸도 돌보지 못하는 형편이라는 뜻.

내 처지가 힘들어서 주변을 돌볼 겨를이 없음을 의미. – 소반

66. 수석침류

말도 안 되는 일로 억지 부리는 사람들에게 이 말을 씁니다.

흐르는 물로 베개를 삼는다는 게 말이 됩니까.

자기 실수를 인정하지 않고 억지 부리고 허풍떠는 사람을 조심하십시오.

수석침류 (漱石枕流) : 돌로 양치질을 하고 물을 베개로 삼는다는 뜻으로, 실패를 인정하려 하지 않고 억지를 쓰거나 남에게 지기 싫어하는 것을 비유. – 진서

67. 상루담제

듣기 좋은 말로 유혹하고 나서 사람을 곤란하게 하는 사람들이 있습니다.

힘 있는 자들, 권력을 가진 자들이 힘없는 서민을 가지고 놀 때 이런 사다리 걷어차기를 많이 저지릅니다.

상루담제 (上樓儋梯) : 다락에 올라가게 해 놓고 사닥다리를 치워 버린다는 뜻으로, 남을 속여서 궁지에 몰아넣는 것을 의미함. – 세설신어

68. 비익연리

하나가 되어야 완성이 되고 하나로 만나야 아름다워집니다.

그렇게 둘이 하나가 되어 아름다운 사랑을 만드는 것을 우리는 비익연리로 표현합니다.

비익연리 (比翼連里) : 중국 전설에 나오는 눈과 날개가 하나씩인 비익조와 두 나무의 가지가 서로
연결된 연리지처럼 깊은 사랑을 의미 - 장한가

69. 교학상장

가르치고 배우는 사이에서 배우는 사람들만 성장하는 게 아닙니다.

가르치는 스승도 가르치면서 성장합니다. 그것이 교학상장입니다.

교학상장 (敎學相長) : 가르치고 배우면서 서로 성장한다는 뜻 - 예기

70. 관중규표

시야가 좁은 사람을 이렇게 표현합니다.

대나무 대롱으로 표범을 보아봤자 표범의 얼룩 반점밖에 더 보겠습니까.

관중규표 (管中窺豹) : 대롱으로 표범을 본다는 뜻으로, 시야가 협소함을 의미 - 진서

71. 공자천주

아무리 천한 사람에게도 배울 점이 있습니다.

지금 당신에게도 남들이 부러워하는 자기만의 재주가 있는 겁니다.

그러니 무시하지 말고 무시당하지 맙시다.

공자천주 (孔子穿珠) : 공자가 구슬을 꿴다는 뜻으로, 공자가 동네 아낙에게도 집중하고 배우려는
자세를 표현함.

72. 고장난명

세상일이라는 게 혼자 힘으로 아무 것도 할 수 없습니다.

'더불어'와 '함께'의 가치로 세상을 살아가야 합니다.

누군가 힘들어 할 때 힘을 보태는 것이 고장난명입니다.

고장난명 (孤掌難鳴) : 외 손바닥으로는 소리를 낼 수 없다는 뜻.
혼자서는 아무 일도 이룰 수 없다는 의미 - 수호전

73. 귤중지락

즐거움을 누리는 사람은 장소를 가리지 않습니다.

놀 줄 아는 사람은 어디 가서도 잘 놉니다. 환경 탓하지 않습니다.

귤중지락 (橘中之樂) : 좁은 곳에서 즐거움을 가진다는 뜻.
어느 날 귤을 쪼개보니 그 속에서 두 노인이 바둑을 두고 있다는 일화.

74. 천려일실

'만일'이라는 단어는 '만 가지 중에 하나'하는 의미입니다.

만 가지 중에 한 가지 실수, 천려일실 보다 더 강합니다.

아무리 지혜로운 사람도 실수할 수 있다는 걸 명심하십시오.

원숭이도 간혹 나무에서 떨어집니다.

천려일실 (千慮一失) : 천 가지 생각 가운데서 한 가지의 실수라는 뜻.
지혜로운 사람도 많은 생각을 하다보면 하나쯤 실수 할 수 있다는 의미 - 사기

75. 조강지처

조강지처는 아내에게만 한정하는 말이 아닙니다.

힘들 때 같이 한 사람, 그게 아내일 수도 있고 친구일 수도 있습니다. 그런

사람을 배신하거나 잊어서는 안 되는 겁니다.

조강지처 (糟糠之妻) : 지게미와 쌀겨로 끼니를 이어가며 고생한 아내를 의미.
가난하고 천할 때 함께 했던 사람을 잊어서는 안 된다는 뜻. - 후한서

76. 자구다복

제가 가장 좋아하는 말이 " 하늘은 스스로 돕는 자를 돕는다. "는 말입니다.

자구다복은 이 말을 네 글자로 줄여 표현합니다.

남에게 의지하지 말고 자기 힘으로 복을 창조하십시오.

그것이 세상을 내 주도로 살아가는 지름길입니다.

자구다복 (自救多福) : 많은 복은 스스로 구해야 한다는 뜻 - 시경

77. 단사표음

부자만 최고로 생각하는 세상에서 그 흐름을 거꾸로 간다는 건 쉬운 일이 아

닙니다. 그러나 자발적 가난을 통해 그걸 실천하는 사람들이 늘어갑니다. 조

금 불편하고, 조금 가난해도 그 속에서 오히려 사람다움을 찾을 수 있습니다.

단사표음 (簞食瓢飮) : 도시락에 담은 밥과 표주박 물을 뜻함.
청빈하고 소박한 생활을 비유하는 말. - 논어

78. 노마지지

세상에서 밀려난 사람이라고 무시하지 마십시오.

아무리 늙고 힘이 없는 사람도 그 사람만의 노하우와 지혜가 있는 법입니다.

실버의 지혜가 점점 필요한 시대입니다.

노마지지 (老馬之智) : 늙은 말의 지혜. 아무리 하찮은 것일지라도 지혜와 장점을 가지고 있다는 의미. – 한비자

79. 기인우천

하늘이 무너질까 걱정하는 사람이 많습니다. 제 아내도 그런 경우입니다. 보통 여자들이 쓸데없는 걱정을 많이 합니다. 물론 그 걱정이 사고를 방지할 수 있지만 너무 많은 걱정은 정작 민첩하게 움직여야 할 때 방해가 될 수도 있습니다.

기인우천 (杞人憂天) : 기 나라 사람이 하늘을 걱정한다는 뜻. 쓸데없는 걱정을 의미 – 열자

80. 개권유익

저는 요 몇 년 동안 책의 효과를 톡톡히 보고 있습니다.
처음에는 그저 많이 읽으려고 했습니다. 그것도 저에게는 도움이 되었습니다.
이제는 선별해서 읽고 또 읽습니다. 그게 또 나를 성장시킵니다.
책은 정말로 이익이 되면 되었지 해가 되지는 않는 것 같습니다.

개권유익 (開卷有益) : 책은 그저 펼치기만 하고 읽지 않아도 유익하다는 뜻 – 승수연담록

81. 계구우후

저는 안타깝게도 소의 머리로 살아오지 못했습니다.
그렇다고 소꼬리로 살지도 않았습니다.
그냥 나만의 방식대로 닭의 머리가 되어 주도적인 삶을 살았던 것 같습니다.
남에게 끌려가는 삶이 아닌 자기가 주도하는 삶을 사시기 바랍니다.

계구우후 (鷄口牛後) : 닭의 부리가 될 지언정 소꼬리는 되지 말라는 뜻.
큰 조직의 하수보다 작은 조직의 우두머리가 낫다는 표현 – 사기

82. 계명구도

언젠가 어느 학급의 웃긴 급훈을 봤습니다.
그 급훈이 "나도 쓸모가 있을 걸"입니다. 계구우후는 바로 그걸 표현하는 네 글자입니다. 아무리 하찮은 재주도 다 쓸데가 있는 겁니다.

계명구도 (鷄鳴狗盜) : 닭 울음소리와 개 흉내라는 뜻.
아무리 천한 재주라도 쓸 데가 있다는 의미. – 사기

83. 중석몰촉

정신일도 하사불성 이라고 했습니다.

정신을 집중하면 화살로도 돌을 뚫을 수 있습니다.

자기가 잘 하는 일, 자기가 좋아하는 일에 집중하면 어떤 장애도 뚫고 나갈
수 있습니다.

중석몰촉 (中石沒鏃) : 화살에 돌이 깊이 박혀있다는 뜻으로,
정신을 집중해서 전력을 다하면 어떤 일도 성공할 수 있다는 의미. – 사기

84. 집사광익

광고용어로 브레인스토밍이라는 게 있습니다. 이건 혼 자하는 것보다 여럿
이 하는 게 효과 있습니다.

요즘 자주 나오는 말로 집단지성이라는 것도 있더군요. 생각을 모으면 세상
을 변화시킬 수 있습니다.

집사광익이라는 글자에서 전 그런 긍정적 변화를 발견합니다.

집사광익 (集思廣益) : 생각을 모아 이익을 더한다는 뜻으로, 많은 사람의 지혜를 모으면 더 큰 성공
을 이룰 수 있다는 의미 – 제갈공명의 〈교여군사장사참군연속〉

85. 숙능생교

'생활의 달인'이라는 프로그램이 참 재밌습니다.

숙능생교의 네 글자는 바로 생활의 달인을 표현하는 글자 같습니다.

살면서 자기 일에 몰입하다보니 그 일에서 숙달이 되고 달인이 됩니다.

능력이란 이렇게 타고나는 게 아니라 길러지는 건가 봅니다.

숙능생교 (熟能生巧) : 능숙해지면 기교가 생긴다는 뜻으로, 오랜 기간 갈고 닦으면 뛰어난 능력을
발휘하게 된다는 의미 – 북송의 고사

86. 치망설존

단단한 것은 오래가지 않지만 부드러운 것은 그 생명력이 깁니다.

강해지기보다 부드러워져야 합니다.

자기에게는 냉정해도 남에게는 특히 부드러워야 합니다.

치망설존 (齒亡舌存) : 단단한 이는 빠져도 부드러운 이는 남습니다.
타인에게 부드럽게 대하라는 충고 내포 – 설원

87. 파증불고

과거에 집착하는 사람이 많습니다.

과거의 실수에 미련을 갖는다고 그 일이 되돌려지지 않습니다. 쿨하게 잊어

버려야 합니다.

그게 현재를 위해, 그리고 미래를 위해 현명한 일입니다.

파증불고 (破甑不顧) : 떨어져 깨진 시루는 돌아보지 않는다는 말.

지나간 일에 미련을 두지 않는다는 의미 – 후한서

88. 일반지은

우린 밥 한 끼 얻어먹는 걸 대수롭지 않게 생각합니다.

일반지은은 남이 베푼 아주 작은 은혜도 보답하라고 충고합니다.

은혜를 꼼꼼하게 보답하는 이에게 더 큰 은혜가 주어집니다.

일반지은 (一飯之恩) : 밥 한 그릇의 은혜라는 뜻으로 작은 일에도 잊지 않고 보답하는 걸 의미 – 사기

89. 고주일척

9회말 역전홈런이 사람을 열광시킵니다.

도저히 힘들 거라고 다들 포기하는 상황에서 역전의 묘수를 냈을 때 감동을

두 배가 됩니다.

아무리 어려운 상황에서도 반전의 묘수는 남아있습니다.

고주일척 (孤注一擲) : 모든 것을 다 걸어서 승부를 겨뤄야 한다는 뜻.

아무리 어려운 상황에서도 승부의 반전을 노릴 수 있음을 나타냄. – 송사

90. 무신불립

저의 대화명이 믿을맨입니다. 믿을만한 사람이라는 의미도 있고 중간(미들,

middle)에서 서로 간의 믿음을 연결한다는 의미도 있습니다.

믿음은 가장 밑바닥에 주저앉아 있는 사람도 일으켜 세우는 힘이 있습니다.

사람은 자기를 믿어주는 사람에게 꼭 보답하게 되어 있습니다.

무신불립 (無信不立) : 믿음이 없으면 설 수 없다는 말로, 살면서 믿음으로 서로에게 희망을 주라는

의미 – 논어

91. 반근착절

세상일이라는 게 늘 장애의 연속입니다.

얽히고 설켜 해결하기 어려운 상황에 처할 때도 있습니다.

늘 잘 나가는 사람도 이런 위기가 옵니다.

잘나갈 때 방심하는 사람들에게 이 글을 선사합니다.

> **반근착절 (盤根錯節)** : 구부러진 나무뿌리와 뒤틀린 마디라는 말로, 해결하기 어려운 문제라는 뜻.
> 끝까지 방심하지 말라고 충고하는 네 글자.

92. 좌우봉원

복잡한 문제의 해결은 의외로 가까운 곳에 숨어 있습니다.

"Simple is Best!" 저는 이 문장을 좋아합니다.

풀기 어려운 문제, 가까운 곳에서부터 쉽게 접근하십시오.

> **좌우봉원 (左右逢源)** : 가까이에 있는 사물이 학문의 원천이 된다는 말.
> 자기 주변에서부터 쉽게 접근하면 복잡한 문제도 잘 풀립니다. – 맹자

93. 풍림화산

이 네 글자는 2010년 우리은행의 캐치프레이즈였습니다.

위기의 순간에 조직을 결속시키고 목표를 향해 일사불란하게 움직일 수 있도록 하기 위해 이 네글자를 선정한 것 같습니다.

저는 네 글자 하나하나가 참 마음에 듭니다.

위기 상황에서 유연한 대처를 하려면 이 네글자를 가지고 다니면 좋을 듯합니다.

> **풍림화산 (風林火山)** : 바람처럼 빠르게, 숲처럼 고요하게, 불길처럼 맹렬하게, 산처럼 묵직하게~
> 위기 상황에 적절히 조직을 운영하는 묘수를 알려주는 네 글자. – 손자병법

94. 방모두단

사람은 필요한 데 사람이 없습니다. 회사는 들어가고 싶은데 마땅한 회사가 없습니다.

이렇게 구인과 구직의 궁합이 서로 안 맞습니다. 사람 구하기 힘든 세상에는 있는 인재를 잘 활용하는 게 묘수입니다. 그래서 방모두단의 지혜가 필

요합니다.

평범한 인재로 비범한 조직을 만드는 힘, 이 네 글자에 있습니다.

방모두단 (房謀杜斷) : 방현령의 지모와 두여회의 결단력이라는 뜻. 저마다의 장점을 잘 끌어내어 최고의 효율을 만들어낸다는 의미. – 구당서

95. 반구저기

이 네 글자는 '내 탓이오'정신을 담은 네 글자입니다.

자신에게서 실패의 원인을 찾으라고 합니다.

맹자는 ' 내 몸이 바르면 천하가 돌아온다고 했습니다.

실패를 자기 탓으로 돌리면 적도 당신에게 마음을 움직입니다.

반구저기 (反求諸己) : '잘못을 자신에게서 찾는다.'라는 뜻으로, 어떤 일이 잘못 되었을 때 남의 탓 을 하지 않고 그 일이 잘못된 원인을 자기 자신에게서 찾아 고쳐 나간다는 의 미 – 맹자

96. 승풍파랑

때로는 필요 없어 보이는 일도 해야 할 때가 있습니다.

남들이 무리라고 생각한 일도 도전할 필요가 있습니다.

위기의 순간에는 바로 그런 승풍파랑의 정신이 필요합니다.

승풍파랑 (乘風破浪) : 바람을 타고 물결을 헤쳐 나간다는 뜻. 어떤 역경을 뚫고서도 큰 세상으로 나 가려는 자들의 도전정신 표현 – 송서

97. 무병자구

안 바꿔도 될 것을 억지로 바꾸는 사람들이 있습니다.

성형수술이라는 것도 그렇습니다. 그냥 나둬도 좋은 얼굴인데 왜 칼을 대는 지. 그냥 놔둬도 좋은 것을 괜히 변화의 흐름을 쫓느라고 손을 대서 오히려 더 안 좋은 결과를 만들기도 합니다.

무병자구 (無病自灸) : 병이 없는데 스스로 뜸질을 한다는 의미로, 불필요한 행위로 힘을 빼는 행동 을 말함 – 장자

98. 복거지계

과거의 실패에서 미래로 나가는 길이 보입니다.

역사는 늘 반복되는 패턴을 가지고 있습니다.

그 패턴에서 미래를 보는 눈을 키워야 합니다.

바둑에서 복기를 하듯 세상일에서도 복거지계하십시오.

복거지계 (覆車之戒) : 이전에 실패한 전철을 밟지 않겠다는 뜻으로, 이전의 좋고 훌륭한 점을 귀감으로 삼는다는 의미로 해석가능 - 후한서

99. 도견상부

세상 아이디어라는 건 완벽하게 새로운 건 없습니다.

내가 생각한 건 반드시 누군가도 생각합니다.

경쟁이 치열한 분야일수록 더 그렇습니다.

도견상부는 상대의 생각을 읽는 중요한 지침이 됩니다.

도견상부 (道見桑婦) : 길에서 뽕잎 따는 여자를 보고 사통한다는 말.
눈앞의 일시적인 이익을 좇다 기존에 가지고 있던 것까지 잃는다는 뜻.
내가 할 수 있는 일은 남도 할 수 있다는 비유로, 내가 남의 땅을 넘보는 사이에 자기 나라가 공격의 대상이 될 수 있다는 이야기 - 열자

100. 세이공청

사람이 입이 하나이고 귀가 두 개인 이유가 있습니다.

말은 최대한 적게 하고 더 많이 들으라는 얘기입니다.

세이공청은 다른 사람이 하는 말을 매우 공경하는 마음으로 듣는 것을 말합니다.

세이공청 (洗耳恭聽) : 남의 말을 공경하는 마음으로 귀담아 듣는 것을 이르는 말. - 중국 고사전